예수의 말

일러두기

이 책에서 인용한 성서 구절들은 가톨릭과 개신교가 공동작업한 유일한 성경인
《공동번역 성서》(대한성서공회, 1998)에서 따오거나, 저자가 직접 번역한 것입니다.

예수의 말

예수 공부의 정수
The Essence of Jesus Teachings

정양모 지음

이와우

예수께서 하느님의 나라에 대해 직설적으로 언급하지 않으시고 비유로 말씀하신 데는 그만한 까닭이 있습니다. 청중의 이해를 도우려는 뜻도 있었겠지만, 그보다는 초월적인 하느님에 대해서 비유로 말씀하시는 게 가장 바람직했기 때문입니다.

신학계에서는 하느님에 대한 언설은 모조리 유비적이라고 합니다. 인간의 말로 하느님의 실상을 표현할 수는 없지만 어눌하게 더듬거린다는 뜻이지요. 논리적으로 하느님의 자비를 정확히 정의해 본들 별수 없습니다. 그보다는 돌아온 탕자의 비유 한 편이 훨씬 설득력이 있고, 하느님의 용서를 백 번 논하기보다는 렘브란트가 임종을 앞두고 그린 〈돌아온 탕자〉 한 번 감상하는 편이 훨씬 낫습니다.

예수께서는 하느님의 나라를 알리고자 그에 알맞은

비유를 찾으시려 노심초사 애쓰셨습니다. 청중의 상식에 호소하는 비유로도 말씀하시고, 더러는 청중의 주의를 모으고자 일부러 상식을 뛰어넘는 특례 비유도 말씀하셨습니다. 이 책은 비유 하나하나의 구전 과정과 기록 과정을 따지는, 이른바 역사 비평적 고찰은 제쳐 두고 비유의 큰 뜻을 전달하고자 합니다.

2021년 1월

정양모 삼가

< 1 >

씨 뿌리는 사람의 비유

(마태 13:1-9)

1 그 날 예수께서는 집에서 나와 호숫가에 앉으셨다.
2 그런데 많은 군중들이 그분께로 모여들어서, 그분은
배에 올라앉으셨다. 그리고 군중은 모두 물가에 서 있
었다. 3 그리하여 비유들로써 그들에게 많이 말씀해 주
셨는데 (이렇게) 말씀하셨다. "마침 씨 뿌리는 이가 씨를
뿌리러 나갔습니다. 4 그리하여 그가 씨를 뿌리는데 어
떤 것들은 길가에 떨어져, 새들이 와서 그것들을 집어삼
켰습니다. 5 그리고 다른 것들은 흙이 많이 없는 돌밭에
떨어졌습니다. 흙이 깊지 않아서 (싹이) 즉각 돋기는 했
지만 6 해가 솟아오르자 타 버렸습니다. 뿌리가 없어 말
라 버렸던 것입니다. 7 또 다른 것들은 가시나무 위에 떨
어졌습니다. 그런데 가시나무가 (자라) 올라오자 그것들

을 숨 막히게 했습니다. 8 그러나 또 다른 것들은 좋은 땅에 떨어져 열매를 맺었습니다. 어떤 것은 백 배, 어떤 것은 육십 배, 어떤 것은 삼십 배를 (맺었습니다). 9 귀를 가진 이는 들으시오."

이스라엘에서 4-10월은 비가 거의 오지 않는 건조기다. 11월 초순경에 첫비가 내리면 농부들은 밀이나 보리를 심는다. 예수께서는 이 무렵에 파종 비유를 말씀하셨을 것이다. 그런데 이스라엘 영농법이 우리나라와는 판이하게 다르다는 사실을 알아야만 파종 비유의 이야기를 쉽게 납득할 수 있다.

예수 시대 이스라엘 농부는 11월 초순경에 모처럼 단비가 내리면 먼저 밭에 밀이나 보리를 훌훌 뿌리고서 밭을 간다. 먼저 밭을 갈고서 이랑에 씨앗을 뿌리는 우리네 농사법과는 정반대다. 그럼 씨앗이 길에 떨어졌다는 것은 있을 법한 일인가? 4월부터 10월까지 건조기에 사람들이 밭을 가로질러 지름길이 날 수도 있었고, 밭가에 길이 날 수도 있었다. 씨앗이 돌밭에 떨어졌다는 것은 이스라엘을 다녀온 사람이라면 쉽게 알아들을 수 있다. 갈릴래아 평원을 빼면 이스라엘은 온통 석회석투성이 돌밭이다. 그래서 이스라엘 쟁기는 우리나라 쟁기보다 그 날이 훨씬 좁다. 돌과 돌 사이를 갈아야 하기 때문이다.

씨앗이 가시나무 속에 떨어졌다는 것은 어떻게 알아들어야 할까. 우리나라의 아카시아 나무나 산딸기나무를 연상할 일이 아니다. 건조기에도 이스라엘 들판에는 가시 돋친 잡초가 수북이 자란다. 그러니 파종 비유 이야기가 우리에게는 매우 생소하게 들릴 수 있겠지만, 이스라엘 농부들에게는 지극히 자연스러운 이야기였다. 씨앗 한 알이 삼십 배, 육십 배, 백 배 소출을 낸다는 것도 과장이 아니고 자연스러운 현상이다. 씨앗 한 톨에서 여러 줄기가 돋아난다는 것을 농군들은 잘 알고 있었다.

그럼 예수께서는 무슨 뜻으로 파종 비유를 말씀하셨을까. 예수의 설교 주제는 하느님의 나라였다. 비유들 가운데서 신국에 관한 비유들이 많은 것도 그런 까닭이다. 파종 비유도 신국 비유였을까? 하느님의 나라, 즉 하느님의 다스림에 대한 설교가 먹혀들지 않고 계속해서 배척을 당하곤 했지만, 언젠가는 하느님 나라의 위력이 드러나고야 만다는 뜻으로 예수께서 파종 비유를 말씀하셨을까?

나는 파종 비유를 신국에 관한 비유로 보지 않고 예수의 신상 발언 비유로 보는 게 더 나을 것 같다고 생각한다. 물론 이 두 가지 의미 가운데 굳이 한 가지만 택할 필요는 없다. 예수는 신국을 선포하고 체현한 분이시니까.

서기 27년경 예수께서 갈릴래아에서 활동하셨을 때

처음에는 인기가 매우 높아 그분 주변으로 많은 사람들이 모여들었다. 그러나 언제부터인가 적대자들은 예수를 제거하고자 했고, 제자들 가운데서도 이탈자들이 생겨났다. 예수께서 서기 30년 4월 초순 과월절을 맞아 상경하셨을 때는 단지 열두 제자와 갈릴래아 여자들 몇이 동행했다. 세상 사람들과 고립된 그분의 모습이 완연하다.

29년 11월경 농부들이 한창 밀과 보리를 파종할 무렵 예수께서 파종 비유를 발설하셨다고 보면 지나친 상상일까? 적수들, 제자들 또는 민중이 인기가 폭락한 예수를 보고, 하느님 나라 운동이고 뭐고 다 글렀으니 고향으로 돌아가서 어머니 공양하고 동생들 부양이나 하라고 종용했으리라.

그때 예수께서는 박토에 파종하는 농부를 가리키면

서 다음과 같은 뜻으로 파종 비유를 발설하셨을 것이다. "저 밭에 씨 뿌리는 농부를 보시오. 밭 한복판에 지름길이 나 있고, 온통 석회석투성이인 데다 가시 잡초가 무성한 밭입니다. 이런 밭에다 씨를 뿌린들 아무런 소출이 없겠으니 차라리 낮잠이나 자는 게 좋겠다고 당신은 속단하겠지만 저 농부의 생각은 다르답니다. 유실되는 씨도 적지 않지만 좋은 땅에 떨어진 씨앗도 많지요. 이런 씨앗은 잘만 가꾸면 무럭무럭 자라서 이듬해 5월에 삼십 배, 육십 배, 백 배 소출을 낼 줄 믿고 농부는 비지땀을 흘리면서 씨앗을 뿌립니다. 나 역시 오늘날 실패에 실패를 거듭 맛보고 있습니다만 하느님 나라 운동을 그만둘 생각은 추호도 없습니다. 왜냐고요? 하느님께 거는 희망만은 포기할 수 없기 때문입니다. 내 인생에 시련은 많지만, 절망은 없어요. 거듭 실패해도 하느님께 거는 내 희망만은 꺾을 수 없습니다."

우리는 살다 보면 성공보다는 실패를 맛보기 십상
이다. 아무리 몸부림쳐 봐도 실패가 거듭될 때도 있다.
하늘이 무너져도 솟아날 구멍이 있다는 속담이 있기는
하지만, 사방이 벽이라 어찌해 볼 도리가 없는 극한 상
황에 부딪히는 수도 있다. 이럴 때 그리스도인이라면
하느님에 대한 예수의 끈질긴 희망을 상기할 일이다.
이는 목숨을 내놓고 예수의 발자취를 따른 순교자들의
자세이기도 하다.
아울러 파종 비유에 대한 초대교회의 해설도 눈여겨
볼 일이다. 그들은 파종 비유를 전도 체험으로 이해했
다. 전도에 성공하는 경우가 있는가 하면 실패하는 경
우도 있다는 것이다. 충실한 그리스도인들이 있는가

하면 부실한 그리스도인들도 있기 마련이다. 그리스도인들은 마땅히 거룩해야 하겠지만 실은 정반대인 경우도 흔하다. 교회는 성속聖俗의 뒤범벅이다. 그래서 교부들은 교회를 일컬어 성녀이면서 창녀라고 했다. 그리스도인 개개인도 그렇거니와 그리스도인들의 모임인 교회도 늘 새롭게 태어나야 한다.

< 2 >

저절로 자라는 씨앗의 비유

(마르 4:26-29)

26 그리고 말씀하셨다. "하느님의 나라는 땅에 씨앗을 뿌린 어떤 사람의 경우와 같습니다. 27 그가 밤과 낮에 자고 일어나고 하는 사이에 씨앗은 싹이 트고 자라나지만, 그 사람은 알지 못합니다. 28 저절로 땅이 열매를 냅니다. 처음에는 줄기, 다음에는 이삭이 나오고 그다음에는 이삭에 밀알이 가득 찹니다. 29 마침내 열매가 익으면 그 사람은 즉시 낫을 댑니다. 수확 철이 다가왔기 때문입니다."

비유 이야기의 흐름을 알려면 처음부터 끝까지 농부의 처신을 눈여겨봐야 한다. 농부는 땅에 밀 씨앗을 뿌린다. 그러나 그는 씨앗이 싹 터서 자라는 동안 아무런 활동도 하지 않는다. "그 사람은 알지 못합니다"라는 구절의 뜻인즉 그 사람은 관심을 기울이지 않는다는 것이다. "저절로 땅이 열매를 냅니다"라는 표현 역시 파종자가 씨앗의 성장에 아무런 기여도 하지 않는다는 사실을 거듭 강조하는 것이다. 밀이 자라는 동안 휴식을 취하던 농부는 밀이 익으면 즉시 행동한다. "마침내 열매가 익으면 그 사람은 즉시 낫을 댑니다. 수확철이 다가왔기 때문입니다."

비유는 예수께서 체험하신 하느님을 상징적으로 표현한다. 농부의 세 가지 처신은 예수께서 체험하신 하느님의 처사를 반영한다. 농부가 씨앗을 뿌렸다는 것은 하느님께서 예수를 보내 하느님 나라를 선포하고 체현하게 하신 사건을 가리킬 것이다. 농부가 씨앗의 성장에 관심을 기울이지 않고 휴식을 취했다는 것은, 하느님께서 예수님의 하느님 나라 선포 활동을 당신 권능으로 크게 뒷받침하지 않으시고 짐짓 부재하시는 듯 당신의 권능을 별로 드러내지 않으신다는 뜻이다. 예수께서 구마 이적들과 치유 이적들을 행하곤 하셨지 만 당대 사람들이 보기에 그것들은 하느님 나라의 위력을 드러내는 충분한 표징이 못 되었다. 그렇기에 당대 사람들은 예수께 하늘에서의 기적 표징을 요구했던 것이다. 예수께서는 맹세코 표징을 거부하셨다.

이처럼 하느님은 부재하시는 것 같지만 실은 은밀히 당신의 나라를 성장시켜 마침내 종말 성공으로 이끌어 가신다는 것이 이 비유의 뜻이다. "여러분 가운데서 좋은 일을 시작하신 분이 그것을 그리스도 예수의 날까지 완성하시리라고 나는 확신합니다"(필립 1:6)라고 하신 사도 바울로의 명언을 연상시키는 비유다.

저절로 자라나는 씨앗의 비유와 구조 및 내용이 비슷한 비유가 또 있다. 저절로 자라나는 씨앗의 비유는 하느님의 나라는 작게 시작하지만 점점 커져서 마침내 큰 위력을 발휘한다는 겨자씨의 비유(마르 4:30-32, 마태 13:31-32, 루가 13:18-19) 및 누룩의 비유(마태 13:33, 루가 13:20-21)를 연상케 한다. 아울러 세 가지 실패 끝에 큰 수확을 거두는 파종 비유(마태 13:1-9)도 자연스레 떠오른다. 스스로 자라나는 씨앗의 비유, 겨자씨의 비유, 누룩의 비유 그리고 파종의 비유에 관해 요아킴 예레미아스는 다음과 같이 말했다.

네 비유 모두에 공통된 특성은 이 비유들에서는 시작과 결말이 대조된다는 점이다. 그야말로 굉장한 대조다. 보잘것없는 시작에 장대한 결말. 하지만 이러한 대조가 실상의 전부는 아니다. 결실은 씨앗의 산물이고, 결말은 시작에 함축되어 있다. 무한히 커다란 것이 이미 극히 작은 것 안에서 작용하고 있다. 그 사건은 현재, 그리고 실로 비밀스레 이미 진행 중인 것이다. 하느님 나라의 은밀성은 이 나라에 대해서 전혀 아무것도 모르는 이 세계에서 신앙의 문제와 관련된다. 이 나라의 신비를 이해할 수 있도록 신앙을 부여받은 이들은 이미 그 숨겨져 있고 보잘것없는 시작에서 다가오는 하느님의 영광을 볼 수 있는 것이다.

이 흔들림 없는 확신은 예수의 설교에서 본질적인 요소이다. 하느님의 때가 다가오고 있고, 실제로 그때는 이미 시작되었다는 것이다. 그분의 시작에는 그 마지막이 이미 함축되어 있다. 예수 자신의 사명과 관련한 회의라든가 조소, 믿음의 결여, 성급함 등 그 어느 것도, 하느님은 모든 실패에도 불구하고 전혀 아무것도 아닌 것에서 당신의 시작을 완성으로 이끌고 계시다는 그의 확신을 흔들어 놓지 못한다. 필요한 것은 하느님을 진지하게 받아들여서 일체의 외면적인 현상에도 불구하고 그분을 늘 염두에 두는 일이다. (요아킴 예레미아스, 《비유의 재발견》, 황종렬 옮김, 분도출판사, 1991, 173-174쪽)

요아킴 예레미아스의 글에서 "네 비유 모두에 공통된 특성은 이 비유들에서는 시작과 결말이 대조된다는 점이다. 그야말로 굉장한 대조다"라는 대목에 유념

할 필요가 있다. 예레미아스는 이 비유들의 비교점은 작은 시작과 큰 결과의 대조에 있지, 시작과 끝 사이의 성장에 있지 않다고 보았다.

자크 뒤퐁 역시 같은 입장을 취하여, 네 가지 비유 해설에서 성장을 고려하지 말아야 한다고 말했다. 그 이유는, 하느님의 나라는 결국 하느님이신데, 하느님이 성장한다는 것은 어불성설이라는 것이다. 그러나 네 비유의 흐름을 눈여겨보면 번번이 성장 모티브가 들어 있음을 알 수 있다. 그 뜻은, 하느님 자신이 자란다는 것이 아니라 하느님의 다스림이 점점 더 위력을 떨친 다는 것이다. 곧, 하느님께서 점점 더 강력히 작용하신 다는 뜻이다.

하느님의 존재는 자명하지 않다. 오감과 순수 사유

로 그 존재를 포착하거나 증명할 수 없다. 그렇기에 동방의 성인 다석 유영모는 하느님을 일컬어 '없이 계시는 분'이라고 했다. 최고 유일신은 세상과 인간을 훌쩍 떠나 하늘에서 조용히 사는 '한가한 하느님Deus otiosus'인 경우가 흔하다고 종교사학계에선 말한다. 그러나 하느님을 체득한 신앙인 사도 바울로는 이렇게 외친다.

하느님은 예정하신 이들을 또한 부르셨고, 부르신 이들을 또한 의롭게 하셨으며, 의롭게 하신 이들을 또한 영광스럽게 하셨습니다. (…) 하느님이 우리를 위해 계신다면 누가 우리를 적대하겠습니까. 당신의 친아드님을 아끼지 않으시고 오히려 우리 모두를 위해 그분을 넘겨주신 분이 어떻게 그 아드님과 함께 다른 모든 것을 우리에게 베풀어 주지 않으시겠습니까. 누가 감히 하느님의 선택을 받은 이들을 거슬러 고발하겠습니까. 의롭게 하시는 분이 하느님이신데 말입니다.

(로마 8:30-33)

< **3** >

겨자씨의 비유와 누룩의 비유

(마태 13:31-33)

31 다른 비유를 들어 그들에게 말씀하셨다. "하늘나라는 겨자 씨앗과 비슷합니다. 어떤 사람이 그것을 가져다가 자기 밭에 뿌렸습니다. 32 그것은 모든 씨 가운데 가장 적습니다. 그러나 자라면 (어떤) 푸성귀보다도 더 커져서 나무가 됩니다. 그리하여 하늘의 새들이 와서 그 가지에 깃들입니다." 33 다른 비유를 그들에게 말씀하셨다. "하늘나라는 누룩과 비슷합니다. (어떤) 부인이 그것을 가져다가 밀가루 서 말 속에 집어넣었더니 온통 부풀어 올랐습니다."

예수께서는 로마의 압제를 쳐부수고 이스라엘을 재건하는 식의 위대한 업적을 이룩하시지 않았다. 기껏해야 귀신들을 내쫓고 병자들을 고쳐 주는 일들을 하셨을 뿐이다. 그래서 사람들은 때로는 예수님을 불신하는 반응을 보였다. 이에 대해 예수께서는 이 비유로써 비록 지금 하느님께서 예수 당신을 통해서 이룩하시는 일은 작아 보일지라도 앞으로 하느님께서 더욱 영능을 드러내실 것이요 장차 종말에는 엄청난 위력을 떨치시리라는 확신을 피력하셨을 것이다.

누룩의 비유에서 밀가루 서 말은 엄청난 양이다. 한 말을 13.13리터로 환산하면 서 말은 약 40리터가 된다. 밀가루 서 말로 빵을 굽는다면 빵 무게는 50킬로그램이나 된다. 이는 백오십 명이 먹을 수 있는 양이다. 또

한 40리터 분량의 밀가루를 반죽하려면 누룩을 2킬로그램은 넣어야 한다. 그러니 밀가루도 누룩도 매우 큰 분량이다. 이제 예수께서 왜 누룩의 비유를 말하셨는지 그 취지를 살펴보자. 나는 루즈Ulrich Luz 교수의 풀이에 동의한다.

누룩의 양이 적다는 것이 비교점이 아니다. 본문에 그런 암시는 전혀 없다. 40리터나 되는 밀가루를 발효시키려면 누룩이 2킬로그램쯤 필요한데, 이는 적은 분량이 아니다. 소량의 무엇으로 밀가루 반죽을 변화시킨다는 이야기를 하고 싶었다면 밀가루 반죽의 간을 맞추는 데 소량의 소금이 필요하다고 했을 것이다. 누룩은 밀가루 속에 숨겨져 있지만 그 엄청난 분량의 밀가루를 계속해서 부풀린다는 것이 비유 이야기의 골자이다. 하느님의 나라도 그렇다. (…) 겨자씨의 비유보다 이 비유에는 성장의 관점이 두드러지게 들어있다.

나는 루즈의 견해에 동의하면서 흥겨운 상상을 덧붙이고 싶다. 누룩의 비유는 예수께서 그냥 꾸며 낸 이야기가 아니고 그분의 체험담이었으리라는 말을 하고 싶다. 소년 시절 언젠가 예수님 집에는 큰 잔치가 벌어졌으리라. 잔치 전날 성모님이 밀가루 서 말에 누룩을 듬뿍 넣어 반죽해 두었다가 이튿날 새벽에 나자렛 동네 공동가마에서 빵을 구웠다고 상상해 보자. 소년 예수는 전날 반죽할 때의 서 말 밀가루와 누룩 분량에도 놀랐겠거니와 이튿날 새벽에 일어나서 반죽이 엄청나게 부풀어 오른 것을 보시고는 더욱 놀라셨을 것이다.

예수께서 이런 기억을 간직하고 계시다가 하느님의 나라에 관한 비유 이야기로 활용하셨다고 본다면 지나친 공상일까. 어쨌거나 비유의 취지인즉, 하느님의 나라가 비록 지금은 숨어 있지만, 앞으로 계속해서 위력을 드러낸다는 것이다.

겨자씨의 비유 골자는 분명하다. 하느님의 나라, 하느님의 작용이 지금은 비록 하찮게 보일지라도 종국에는 구원의 위력을 드러내리라는 것이다. 누룩의 비유 골자도 분명하다. 하느님의 나라가 지금은 비록 숨겨져 있지만 종국에는 환히 드러나리라는 것이다.

역사적 차원에서 하느님은 노상 무기력하신 분, 숨어 계신 분이다. 하느님 없이도 세상은 곧잘 굴러간다. 그러나 신앙인의 심안으로 볼 때 '없이 계시는 하느님'

이야말로 온 누리를 지으신 창조주시오, 온 누리를 보
살피시는 섭리자시며 온 누리를 거두시는 구원자시다.
하느님이 아니 계시면 인간의 구원이란 있을 수 없다.

◇◇◇◇◇◇◇◇◇◇◇

하늘나라는 겨자 씨앗과 비슷합니다.

(…) 그것은 모든 씨 가운데 가장 적습니다.

그러나 자라면 (어떤) 푸성귀보다도 더 커져서

나무가 됩니다.

< **4** >

소금의 은유

(마태 5:13)

13 "여러분은 땅의 소금입니다. 그러나 소금이 어리석어지면 무엇으로 그것이 짜지겠습니까? 이제 아무 데도 쓰이지 못하므로 밖에 던져져 사람들에게 짓밟힙니다."

세상 맛 다 변해도 변하지 않는 맛이 딱 두 가지 있으니, 소금 맛과 꿀맛이다. 그러니 '소금이 어리석어지면'은 비현실 조건문이다. 적어도 우리 겨레의 생각으론 그렇다. 그런데 이스라엘에선 소금 맛이 변하는 경우가 있다. 일례로, 사해에서 생산되는 소금은 불순물이 많이 섞여 있다. 그런데 비가 내려 습도가 올라가면 염분은 가시고 불순물만 남는다. 이것이 짠맛을 잃은 소금이다.

예수께서는 무슨 의도로 소금의 은유를 말씀하셨을까. 말의 짜임새를 눈여겨보면, 그 무엇인가 본디 좋은 것이라도 변질된다면 아무짝에도 소용이 없다는 것이다. 이 말은 누구를 두고 하신 말씀일까. 앞뒤 문맥이 없이 전승된 말이라 쉽게 단정해서 말하기는 어렵지만, 세 가지 추정이 가능하다. 첫째는 이스라엘 백성을 두고 하신 말씀일 수 있다. 그 뜻인즉, 이스라엘 선민 좋지, 그러나 선민이 선민답지 못하면 아무짝에도 소용없어. 둘째는 이스라엘 종교 지도자들을 두고 하신 말씀일 수도 있다. 마지막으로 예수께서 제자들을 두고 말씀하셨을 수도 있다.

마태오는 소금의 은유, 그리고 그에 이어 첨부한 빛의 은유를 그리스도인들 모두에게 적용했다. 그리스도인들이야말로 땅의 소금이요 세상의 빛이라는 것이다. 마태오는 소금이라는 상징을 두고 무슨 생각을 했을까. 부패를 방지하는 소금을 생각한 것이 아니고 음식 맛을 내는 소금을 떠올렸을 것이다. 모름지기 그리스도인들은 세상 사람들에게 살맛을 주는 존재가 되어야 한다는 것이다. 그 답변이 마태오가 붙인 빛의 은유 적용문에 명기되어 있다.

> 이처럼 여러분의 빛이 사람들 앞에 비치어, 사람들이
> 여러분의 좋은 행실들을 보고 하늘에 계신 여러분의
> 아버지를 찬양하게 하시오. (마태 5:16)

여기서 '좋은 행실들'이란 예수님의 가르침대로, 특히 산상수훈(마태 5-7장)대로 사는 삶이다. 이런 삶이야말로 짭짤하게 잘 사는 삶이요, 그렇지 못한 삶은 '어리석은' 삶이라는 것이다.

그러나 예나 지금이나 그리스도인들의 삶이 예수 그리스도의 가르침과 어울리지 않는 수가 흔하다. 그래서 교부들은 교회를 일컬어 순결한 창녀casta meretrix라고 했다. 교회의 이상은 고결하지만 그 현실은 속되다는

뜻이다. 그렇지만 진솔한 그리스도인들도 끊임없이 나타난다. 이들 덕분에 '거룩한 교회'라는 말이 존속한다. 또한 이들의 삶을 두고 '성도들의 친교'라는 말이 생겨났다.

< **5** >

사악한 포도원 소작인들의 우화

(마태 21:33-46)

33 "여러분은 다른 비유를 들으시오. 집주인 한 사람이 있었는데 그는 포도원(에 포도나무를) 심어 거기 울타리를 둘러놓고 그 안에 확을 파고 망대를 세웠습니다. 그리고 그것을 농부들에게 (도지로) 내어 주고 떠나 있었습니다. 34 소출 철이 가까이 오자 그는 자기 종들을 농부들에게로 파견하여 자기 소출을 받으려 했습니다. 35 그런데 농부들은 그의 종들을 잡아서 하나는 때리고 하나는 죽이고 또 하나는 돌로 쳤습니다. 36 (주인이) 다시 다른 종들을 먼저보다 더 많이 파견했더니 그들에게도 그같이 했습니다. 37 마침내 자기 아들을 그들에게로 파견하며 '내 아들이야 존중하겠지' 하였습니다. 38 그러나 농부들은 아들을 보자 '이 자가 상속자다. 가서 그를 죽여 버리자.

그리고 그의 상속을 우리가 갖자' 하고 서로 말하면서
39 그를 잡아 포도원 밖으로 내던지고 죽여 버렸습니다.
40 그러니 포도원 주인이 갈 때는 그 농부들을 어떻게
할 것 같습니까?" 41 그들이 그분께 말했다 "그는 나쁜
그들을 모질게 없애 버리고 제때에 그에게 소출을 돌려
줄 다른 농부들에게 포도원을 내어 줄 것입니다." 42 예
수께서는 그들에게 말씀하셨다. "여러분은 성경에서 읽
어 본 적이 없습니까? '집 짓는 자들이 버린 그 돌이 모
퉁이의 머릿(돌)이 되었도다. 주님으로 말미암아 된 일이
라 우리 눈엔 놀랍게만 보이는도다.' 43 그런즉 여러분에
게 말하거니와, 그분은 여러분에게서 하느님 나라를 빼
앗아 그 (나라)의 소출을 내는 민족에게 주실 것입니다.

44 이 돌 위에 떨어지는 자는 부스러질 것이요. 이 (돌)이 어느 누구 위에 떨어지면 그를 으스러트릴 것입니다." 45 대제관들과 바리사이들이 그분의 비유를 듣고는 자기들을 두고 말씀하신 것을 알았다. 46 그러자 그들은 그분을 붙잡으려 했으나 군중들을 두려워했다. 실상 (군중들은) 그분이 예언자라는 (생각을) 가졌기 때문이다.

하느님(포도원 주인)께서 이스라엘(포도원)을 당신의 선민으로 마련하시고 그 선민을 지도자들(농부들)에게 맡기셨다. 그리고 거듭해서 예언자(종)들을 파견하시곤 하셨지만 그 지도자들은 예언자들을 배척하고 박해했다. 마침내 아들(예수)을 보냈더니 아예 죽여 버렸다. 그러니 하느님은 이스라엘 선민과 그 지도자들을 처벌하실 것이다. 이 비유의 줄거리다.

넓게 보고 깊이 보고 앞서 보는 예언자들을 교회도 사회도 좀처럼 용납하지 않는다. 이스라엘 선민은 예언자들과 예수님을 배척했다. 비오 10세가 가톨릭 선각자들을 무참히 처치해서 교회 발전을 저해한 것은 잘 알려진 사실이다. 요한 바오로 2세도 독일 신학자 한스 큉, 브라질 신학자 레오나르도 보프를 처단했다.

도스토옙스키는《카라마조프 가의 형제들》에서 가톨
릭은 그리스도를 버렸다고 질타했다. 유대교도 그리스
도교도, 다른 어떤 사회나 종교도 많이 앞서가는 선각
자들을 견디지 못한다.

< **6** >

주인을 기다리는 문지기의 비유

(마르 13:33-37)

33 "여러분은 조심하고 깨어 있으시오. 그때가 언제인지 모르기 때문입니다. 34 그것은 자기 집을 떠나 여행 가는 사람의 경우와 같습니다. 그는 자기 종들에게 권한을 주어 각자에게 할 일을 맡기고 문지기에게는 깨어 지키라고 명령했습니다. 35 그러니 여러분은 깨어 지키시오. 사실 여러분은 집주인이 언제 올지, 그때가 저녁일지, 한밤중일지, 닭이 울 때일지 혹은 새벽일지 모르기 때문입니다. 36 집주인이 갑자기 돌아와서 여러분이 잠자고 있는 것을 발견하는 일이 없도록 하시오. 37 내가 여러분에게 하는 이 말은 모든 사람에게 하는 말입니다. 깨어 지키시오."

하느님의 나라는 언제 올지 알 수 없으니, 늘 준비하고 있으라는 것이다. 준비한다는 것은 하느님과 화해하고 이웃과 화해하는 회개의 삶을 사는 것이다.

신약성서에선 자주 도둑 침입 이미지를 빌려 예수 내림을 묘사하곤 한다. 예수 인자가 도둑이라는 말이 아니라, 흔히 사람들이 방심할 때 도둑이 허를 찌르고 뜻밖에 침입을 하는 것처럼, 인자도 사람들이 예기치 않을 때 오신다는 것이다. 종말은 도둑처럼 닥친다고 예수께서도 말씀하셨고, 1세기 교회도 그런 이미지를 계속 사용했다.

신국 도래 신앙과 인자 내림 신앙은 서기전 200년경부터 서기 100년 사이 이스라엘에 성행한 유대교 묵시문학에서 생겼다. 예수 재림 신앙은 그리스도인들이 유대교 묵시문학의 인자 내림 신앙을 예수 그리스도께 변형, 적용한 것이다. 유대교 묵시문학도들이나 그 영향을 받은 그리스도인들은 종말 임박 신앙을 지녔다. 이들은 신국이 곧 닥칠 줄로, 인자가 곧 내려올 줄로 확신했다. 그렇지만 이들의 기대는 여지없이 어긋났다. 세월이 이천여 년이나 흘렀건만 기다리던 우주적 파국도 온 누리의 신생도 깜깜무소식이다.

지각 있는 그리스도인이라면 종말 신앙을 다시금 곱씹을 수밖에 없다. 묵시문학적 종말 대신에 각자의 종말에 관심을 가질 필요가 있겠다. 죽음은 어김없이 닥치니까, 죽음은 자주 갑자기 닥치니까. 그리스도인의 신념에 따르면 죽음은 소멸이 아니고 부활로 가는 관문이다. 죽음으로써 구차한 육체는 신령한 영체로 탈바꿈한다.

유영모 선생의 표현을 빌리자면 죽는 순간 몸나가 얼나로 돌변한다. 죽는 순간 얼나가 빛이신 하느님, 사랑이신 하느님을 극적으로 만난다. 하느님의 화신인 예수님과도 눈부시게 만난다. 빛이신 하느님과 극적으로 만나자면 지금부터 밝게 사는 도리밖에 없다. 사랑이신 하느님과 눈부시게 만나자면 이승에서 사랑에 젖을 수밖에 없다. 비리와 비정을 일삼고서야 어찌 진실과 사랑 자체이신 하느님과 예수님을 만날 엄두를 내겠는가.

◊◊◊◊◊◊◊◊◊◊

여러분은 깨어 지키시오.

사실 여러분은 집주인이 언제 올지,

그때가 저녁일지, 한밤중일지,

닭이 울 때일지

혹은 새벽일지 모르기 때문입니다.

< 7 >

나무와 열매 비유

(마태 7:15-20)

15 "여러분은 거짓 예언자들을 경계하시오. 그들은 양들의 옷을 입고 여러분에게로 오지만 속으로는 약탈하는 이리들입니다. 16 여러분은 그들의 열매로부터 그들을 알아보시오. 가시나무로부터 포도를 따며 엉겅퀴로부터 무화과를 (땁니까)? 17 이처럼 선한 나무는 모두 좋은 열매들을 내고, 나쁜 나무는 악한 열매들을 냅니다. 18 선한 나무가 악한 열매들을 낼 수 없고 나쁜 나무가 좋은 열매들을 (낼 수 없습니다). 19 좋은 열매를 내지 않는 나무는 모두 찍혀 불 속에 던져집니다. 20 그러므로 여러분은 그들의 열매로부터 그들을 알아보시오."

마태오는 7:15에서 교우들을 찾아오는 거짓 예언자들을 조심하라고 한다. 이들은 겉으로는 평화로운 양들 같지만 그 속을 들여다보면 약탈하는 이리들 같다는 것이다. 겉과 속이 다르다는 말이다.

그러나 이 말만으로는 거짓 예언자들의 정체를 알수 없다. 이들이 누구인지는 마태 7:22-23에서 드러난다. 이들은 이 교회 저 교회로 돌아다니면서 예수의 이름으로 예언도 하고 귀신도 쫓아내고 많은 기적을 행하는 떠돌이 예언자들이다. 예언자들 가운데 더러는 거짓 예언자들이다. 그 까닭은 범법anomia을 일삼는 자들이기 때문이다. 범법을 일삼는 자들이란, 예수께서 풀이해 주신 율법 해석을 어기는 자들이다. 하늘에 계신 내 아버지의 뜻을 거역하는 자들이다.

예수께서는 나무와 열매 비유로써 바리사이들과 율사들이 하느님 사랑과 이웃 사랑을 저버리고 율법과 인습을 중시하는 비리를 나무라셨을 것이다. 저들은 바탕이 고약하기 때문에 고약한 짓을 한다는 것이다.

오늘날 교회 현실과 관련해서 마태 7:15-20에 드러나는 논지는 중요하다. 거짓 예언자와 참 예언자를 식별하는 중요한 기준은, 예수께서 풀이하신 율법을 애지중지하는가, 아니면 소홀히 하여 '범법을 일삼는가'이다. 예수께서는 율법의 핵심을 사랑의 이중 계명이라고 하셨다. 그러니 이중 사랑을 북돋우는 이는 참 예언자요, 이 사랑을 식게 하는 이는 거짓 예언자이다. 이와 관련하여 사도 바울로가 사랑의 은사를 가장 큰 은사로 보고 읊조린 사랑의 찬가(1고린 13:4-13)를 회상할 일이다.

사랑은 너그럽습니다.

사랑은 친절합니다.

사랑은 시기하지 아니하고

허세를 부리지 않으며

교만하지 않습니다.

사랑은 무례하지 않으며

자기 이익을 찾지 않습니다. (1고린 13:4-5)

예수의 말

선한 나무는 모두 좋은 열매들을 내고,

나쁜 나무는 악한 열매들을 냅니다.

선한 나무가 악한 열매들을 낼 수 없고

나쁜 나무가 좋은 열매들을 (낼 수 없습니다).

< 8 >

집 짓는 사람들의 비유

(마태 7:24-27)

---

24 "그러므로 누구든지 나의 이 말들을 듣고 그것들을 행하는 이는 반석 위에 제 집을 지은 슬기로운 남자와 같은 것입니다. 25 비가 내려 강물이 (닥쳐)오고 또 바람이 불어 그 집을 들이쳤으나 무너지지 않았습니다. 반석 위에 세워졌기 때문입니다. 26 또한 누구든지 나의 이 말들을 듣고도 그것들을 행하지 않는 이는 모래 위에 제 집을 지은 어리석은 남자와 같은 것입니다. 27 비가 내려 강물이 (닥쳐)오고 또 바람이 불어 그 집에 부딪치자 무너져 버렸습니다. 그것은 크게 무너졌습니다."

산상수훈의 대미를 장식하는 비유다. 산상수훈의 가르침을 듣고 행하는 사람은 종말에 구원을 받을 것이고 그렇지 못한 사람은 멸망을 당한다는 것이다. 유대교에서는 구원의 방편으로 율법 공부와 율법 실천을 강조했는데, 이와는 대조적으로 예수께서는 당신이 강조하신 하느님 사랑과 이웃 사랑을 듣고 지켜야만 종말 심판을 견딜 수 있다는 뜻으로 집 짓는 사람들의 비유를 말씀하셨다. 무엇보다 이 비유의 역점은 당신 말씀을 듣는 것보다는 지키는 것에 있다. 이는 비유 직전에 나오는 구절과 잘 통한다.

여러분은 나를 '주님, 주님'이라 부르면서 내가 말하는 것은 행하지 않습니까? (마태 7:21, 루가 6:46)

세계 종교사를 보면 불가사의하게도 수행을 얕잡아
보는 종교인들이 있다. 16세기 유럽의 종교혁명가들이
그렇다. 인간은 예수 그리스도를 믿음으로써 의롭게
된다는 사도 바울로의 가르침을 곡해하여, 저들은 신
앙과 실천이 마치 상치되는 것처럼 말한다. 사도 바울
로가 쓴 갈라디아서, 로마서 등을 살펴보면, 전반부에
서는 신앙을 후반부에서는 실천을 강조하고 있다.

이 지상에 나타난 진솔한 종교인들 역시 모두 실천
을 강조한다. 《법구경》에서 두 구절을 인용한다.

경전을 아무리 많이 외워도

행하지 않는 사람은

남의 소를 세는 목자와 같아

사문된 결과를 얻기 어렵다. (쌍서품 19)

사랑스런 예쁜 꽃이

빛깔만 곱고 향기가 없듯이

아무리 좋고 아름다운 말도

행하지 않으면 결과가 없나니. (화향품 51)

예수의 말

누구든지 나의 이 말들을 듣고도

그것들을 행하지 않는 이는

모래 위에 제 집을 지은

어리석은 남자와 같은 것입니다.

< 9 >

장터에서 놀이하는 아이들의 비유

(마태 11:16-19)

16 "이 세대를 무엇에다 비교할까? 장터에 앉아 딴 (아이)들에게 소리 지르는 어린이들과 같으니 17 그들은 '너희를 상대로 우리가 피리를 불어도 너희는 춤추지 않았다. 우리가 통곡을 하여도 너희는 가슴 치지 않았다'고 말합니다. 18 사실 요한이 와서는 먹지도 마시지도 않으니까 '귀신 들렸다'고 말합니다. 19 인자가 와서는 먹고 마시니까 '보아라. 먹보요 술꾼이며 세관원들과 죄인들의 친구로구나' 하고 말합니다. 그러나 지혜가 옳다는 것은 그 행실로써 드러났습니다."

예수 시대 어린이들에겐 장터 말고선 놀 곳이 마땅찮았다. 학교 운동장도 어린이 대공원 같은 곳도 없었다. 전자 게임 따위는 상상도 할 수 없던 시절이었기에 놀이도 단조롭기 짝이 없었다. 팔레스티나 백성 대부분이 농업 또는 목축업에 종사했던 관계로 단조로운 일상생활에서 구경거리라고 해 봐야 혼례 또는 장례 정도였다.

어린이 한 패가 다른 한 패에게 장터에서 혼례 잔치 놀이를 하자고 소리쳤다. "우리가 신나게 피리를 불 테니 너희는 덩실덩실 춤추어라." 상대편 아이들이 아무런 반응도 보이지 않자 이번에는 장례 놀이를 제안했다. "우리가 아이고 아이고 곡을 할 테니 너희는 가슴을 두드려라." 상대편 아이들은 여전히 반응이 없다. 그러니 '이 세대'는 어떻게 움직여 볼 도리가 없는 무

감각한 세대, 어떤 놀이에도 흥미를 잃은 따분한 세대로다.

요한과 예수 시대, 이스라엘 백성(딴 아이들)은 요한 세례자가 외친 회개 설교(장례 놀이)에도, 예수께서 선포한 복음 설교(혼례 놀이)에도 관심을 보이지 않았다는 것, 이것이 장터에서 놀이하는 아이들의 비유의 골자다.

"사실 요한이 와서는 먹지도 마시지도 않으니까 '귀신 들렸다'고 말합니다. 인자가 와서는 먹고 마시니까 '보아라. 먹보요 술꾼이며 세관원들과 죄인들의 친구로구나' 하고 말합니다." 이는 예수와 요한에 대한 추가적인 설명이다. 다른 성경 구절들에서도 예수와 요한의 그런 모습을 확인할 수 있다.

• 요한 세례자는 포도주나 술을 마시지 않았다. (루가 1:15) 그는 유목민처럼 입고 유목민의 음식을 먹는 고행자였다. (마르 1:6)

• 예수께서는 아마도 가파르나움 세관에서 세관원 레위를 제자로 발탁하시고, 세관원들과 죄인들과 어울려 식사하곤 하셨다. (마르 2:14-15)

마지막 절에 "그러나 지혜가 옳다는 것은 그 행실로써 드러났습니다"는 예수가 친히 발설하신 설명어가 아니고 지혜문학에 심취한 그리스도인이 덧붙인 설명어라는 데 모든 주석가들의 의견이 일치한다. 여기서 '지혜'는 '하느님의 지혜'로서, 기타 신약성서에서 하느님의 지혜가 예수를 가리키듯이 여기서도 예수를 가리킬 것이다. 그 뜻인즉, 비록 이스라엘 백성 절대 다수

가 예수를 배척했지만 실은 예수가 옳다는 것이다. 그
것은 예수를 하느님의 지혜로 받드는 그리스도인들이
무수하다는 것이다.

그럼 왜 예수를 지혜, 곧 하느님의 지혜라고 여겼을
까. 구약 지혜문학에선 지혜를 의인화하고 하느님의
분신으로 여겼다. 지혜는 온 누리 가운데서 맨 먼저 창
조되어 하느님의 창조사업을 돕고 역사를 다스리며 사
람들을 자녀로 삼는다. 1세기 그리스도인들 가운데는
구약의 지혜문학과 예수 사건을 연결시켜 '지혜 기독
론'을 전개하는 이들이 있었다. 그 영향이 어록에 미쳤
고, 이어서 공관복음서에도 미쳤다.

고행자요 종말 심판 예언자인 요한 세례자도, 음식
을 즐기고 구원의 복음을 선포하신 예수도 동시대 이

스라엘 백성에게 버림을 받았다. 오늘날 선진국 그리스도인들은 교회를 멀리한다. 예외인 경우가 없지 않지만 대체로 교회에 무관심하다. 주일 미사에 할머니들 몇십 명이 참례하는 꼴이다. 우리나라는 아직 주일에 그럭저럭 성당과 예배당이 차지만 오래지 않아 썰렁하게 될 것이다.

왜 이럴까. 물질적 풍요를 누리다 보면 감각적, 즉물적이 되기 십상이기 때문일까. 그렇기도 할 것이다. 하지만 깊은 까닭은 달리 있다. 하느님과 부활하신 그리스도는 그리스도인의 심안으로 볼 때는 계시지만, 육안으로 볼 때는 계시지 않는다. 두 분은 현상적으로 부재하신다. 자연과학의 영향이 우리의 정신을 지배하는 오늘날, 저 초월적 하느님과 부활하신 주님을 감지하는 능력은 감퇴하기 마련이다. 그리스도 신앙에 대한 무관심을 이기는 길은 예수 공부, 예수 닮기 뿐이다.
복음 따라 기쁘게 살고, 구원 따라 홀가분하게 사는 것
말고 무슨 뾰족한 묘책이 있겠는가.

< 10 >

잃은 양을 되찾고
기뻐하는 목자의 비유

(루가 15:1-7)

1 세관원들과 죄인들이 모두 그분의 (말씀을) 들으러 그분에게 가까이 오고 있었다. 2 그러자 바리사이들과 율사들이 투덜거리며 "이 자가 죄인들을 받아들이고 그들과 함께 먹는구나" 하였다. 3 그러자 그들을 향해 이 비유를 말씀하셨다. 4 "여러분 가운데 어느 누가 양 백 마리를 갖고 있다가 그 가운데 하나를 잃는다면 아흔아홉 마리를 광야에 버려둔 채 그것을 발견할 때까지 잃어버린 것에게로 가지 않겠습니까? 5 그러다가 발견하고는 기뻐하며 자기 어깨에 얹고 6 집으로 가서 친구들과 이웃들을 불러 모으고 '나와 함께 기뻐해 주십시오. 잃었던 내 양을 발견했습니다'라고 그들에게 말할 것입니다. 7 여러분에게 말하거니와, 이처럼, 회개가 필요 없는 의인들

아흔아홉보다 회개하는 죄인 하나를 두고 하늘에서 기쁨이 있을 것입니다."

예수의 말

예수께서 목자의 비유를 발설하실 때 품으신 원래 의미를 가늠해 보자. 루가는 예수께서 목자의 비유를 발설하신 상황을 자기 나름대로 서두에서 이렇게 밝혔다. "세관원들과 죄인들이 모두 그분의 (말씀을) 들으러 그분에게 가까이 오고 있었다. 그러자 바리사이들과 율사들이 투덜거리며 '이 자가 죄인들을 받아들이고 그들과 함께 먹는구나' 하였다." 루가는 예수께서 발설하신 목자의 비유 상황을 정확히 복구했다고 여겨진다. 사실 상황 묘사와 목자의 비유는 썩 잘 어울린다. 그리고 상황 묘사가 예수의 실상을 반영하는 전거는 공관복음서 곳곳에 나온다.

예수께서는 가파르나움 세관에서 일하는 세관원 레위를 제자로 삼으셨다(마르 2:14). 예수께서 자주 세관원들과 죄인들과 어울려 식사하는 것을 바리사이계 율사들이 목격하고 문제 삼자 예수께서 "나는 의인들을 부르러 온 것이 아니라 죄인들을 부르러 왔습니다"라고 대꾸하셨다는 단화短話가 전해 온다(마르 2:15-17). 예수께서는 예리고의 세관장 자캐오의 집에 머무신 적도 있으시다(루가 19:1-10).

세관원들은 국경선에 있는 세관에서 관세를 거두는 민간인들로서, 매일매일 외국인들과 상종하고 외제 수입품을 다루는 까닭에 노상 불결한 자들로 간주되었다. 그런가 하면 관세를 정액보다 더 거두어 착복하곤 했기 때문에, 세관업은 사기성 직종으로 통했다. 따라서 세관원은 회당 예배나 성전 제사에 참석할 수 없었고 법정에 증인으로 나설 수도 없었다.

세관원들에 이어 나오는 죄인들도 사기성 직종에 종사하는 이들을 가리키는 것 같다. 바빌론 탈무드 산헤

드린 25ㄴ에서는 사기성 직종으로 다음 일곱 가지를 꼽는다. 주사위 노름꾼, 돈놀이꾼, 비둘기 경주업자, 안식년 농산물 거래자, 목동, 세무서원, 세관원이 바로 그것이다.

예수께서 세관원들 및 기타 사기성 직종에 종사하는 이들과 자주 어울려 먹고 마시자, 바리사이들과 바리사이계 율사들이 예수의 처신을 비난했을 것이다. 예수께서는 당신의 처신을 변호하고자 목자의 비유를 발설하셨다. 잃어버린 것을 찾아 나서는 것은 당연지사다. 그 옛날 하느님께서도 고아와 과부, 빈자와 나그네를 자별히 아끼셨다. '하느님의 사람인 내가 버림받은 이들을 돌보는 건 당연하지 않느냐. 잃은 것을 찾아 나서는 것은 인지상정이다'라는 논리다.

232년 유프라테스 강변에 교회사상 맨 처음으로 세

운 성당에 딸린 세례당에는 벽화가 여러 편 있었다. 그 중에는 선한 목자가 다른 양들은 제쳐 두고 오직 잃었다가 되찾은 양 한 마리만 어깨에 둘러멘 모습이 그려져 있었다.

목자의 비유에서 그리스도인이라면 명심할 일들이 있다. 예수께서는 잘난 사람들보다 못난 사람들을 편애하셨다. 예수께서는 직업상의 죄인들과 윤리상의 죄인들, 가난한 이들과 굶주리는 이들과 한 맺힌 이들, 병자들과 정신이상자들, 여자들과 어린이들을 끔찍이 돌보셨다. 예수께서는 바리사이나 율사나 제관 따위의 잘난 이들보다도 이들이 멸시한 쌍것들을 가까이 하셨다.

오늘날 그리스도교가 예수의 처신을 본받는다면 못

배운 사람들, 못 가진 사람들, 출세 못한 사람들, 병든 사람들, 실직한 사람들, 여자들 등 사회적 약자들을 편들 수밖에 없다.

< 11 >

큰 잔치의 비유

(마태 22:1-14)

1 그리고 예수께서는 대답하시어 다시 비유들로 그들에게 이야기하시며 말씀하셨다. 2 "하늘나라는 임금(인 어떤) 사람과 같은데 그는 자기 아들의 혼인 잔치를 베풀었습니다. 3 그리고 자기 종들을 파견해 초대받은 이들을 혼인 잔치에 초대하게 했습니다. 그러나 그들은 오기를 원치 않았습니다. 4 다시 다른 종들을 파견하며 말했습니다. '초대받은 이들에게 말하여라. 이제 나의 식사를 준비했습니다. 내 황소들과 살진 짐승들을 잡았고 모든 것이 준비되었습니다. 혼인 잔치에 오시오.' 5 그러나 그들은 등한히 여기고서 하나는 제 밭으로, 하나는 자기 가게로 물러갔습니다. 6 또한 나머지 (사람)들은 그의 종들을 붙잡아 모욕하고 죽였습니다. 7 그러자 임금은 진

노하여 자기 군대들을 보내어 그 살인자들을 없애고 그들의 고을을 불살라 버렸습니다. 8 그때에 자기 종들에게 말했습니다. '혼인 잔치는 준비되었는데 초대받은 이들은 합당치 못했구나. 9 그러니 길의 갈림목으로 가서 발견하는 이들마다 혼인 잔치에 초대하여라.' 10 그래서 그 종들은 길로 나가 악한 자들이건 선한 자들이건 발견하는 이들을 모두 모아들였습니다. 그래서 혼인 잔치는 상 받은 이들로 가득 찼습니다. 11 임금이 상 받은 이들을 보려고 들어갔다가 거기서 혼인 잔치 의복을 입지 않은 사람을 보았습니다. 12 그래서 그에게 '벗이여, 혼인 잔치 의복도 갖추지 않고 어떻게 여기 들어왔소?' 하니 그는 말문이 막혔습니다. 13 그때에 임금은 시중꾼들에게 말했습니다. '그의 손과 발을 묶어서 그를 바깥 어둠 속으로 쫓아내라. 거기서는 울고 이를 갈게 될 것이다.' 14 사실 초대받은 이들은 많지만 선택된 이들은 적습니다."

어느 임금이 큰 잔치판을 마련했다. 그는 사전에 종을 시켜 구두로 또는 서면으로 손님들에게 잔치를 미리 알렸다. 이제 다시 종을 보내어 정중히 손님들을 초빙하는데 모두 짜기나 한 듯이 초빙을 거절한다. 손님들이 초빙을 거절한 사실을 강조하고자 거절 사례를 세 차례 나열한다.

삼단 구성은 마르코와 마태오가 즐겨 쓰는 작법이다. 예로 예수께서는 당신의 수난을 세 차례 예고하셨다고 한다. 게쎄마니에선 세 번 하느님께 간구하시고 세 차례 제자들에게 오셨다고 한다. 베드로는 세 차례 예수님을 배반했고, 예수께서 겪은 유혹도 세 가지였다고 한다.

큰 잔치의 비유에서 초대받은 손님들이 연달아 거절했다는 것은 모조리, 그리고 결정적으로 거절했다는 뜻이다. 그래서 큰 잔치를 도저히 치를 수 없게 되었다는 것이다. 대단한 낭패다. 그렇지만 잔칫집 주인은 난감한 사태를 극적으로 수습한다. 종을 시켜 길에서 만나는 사람들을 끌어모아 모양새가 우습기는 하지만 결국 큰 잔치를 치르고 만다는 것이 이야기의 골자다.

이 이야기의 초대받은 이들에 대한 해석에 대해서는 의견이 다양하다. 먼저 초대받은 손님들을 이스라엘 백성으로, 나중에 불러 모은 사람들을 이방인으로 보는 의견이 있다. 인간은 각자 하느님의 초대를 거부할 수도 있고 수용할 수도 있다는 식으로 풀이하기도 한다. 즉, 실존적 결단의 두 가지 가능성이 비유의 골자라고 보는 의견이다. 먼저 초대받은 이들을 이스라엘 백성 가운데서 의롭고 경건한 사람들로 보고 나중에 불러 모은 사람들을 바리사이와 율사들이 그토록 멸시하던 천민들로 보는 의견도 있다. 이 중 가장 마지막 의견이 여전히 우세하다. 예수께서는 당신이 천민들과 어울리시는 것을 비난하는 적수들에게 큰 잔치의 비유를 말씀하셨을 법하다.

마태오는 이 비유를 자신의 구세사관에 꿰맞추려고 많이 변질시켰다. 따라서 비유를 우화로 탈바꿈시켰다. 마태오의 비유에 담긴 구세사적 내용은 다음과 같다. 교회 전도사들이 유대인을 상대로 거듭해서 전도했지만 유대인들은 들으려고 하지 않았을 뿐 아니라 전도사들을 죽이기까지 했다. 하느님은 진노하신 나머지 제1차 독립전쟁 때(66-70년) 로마군을 보내어 유대인들을 살육하고, 70년 8월 29일 예루살렘 성전을 불살라 버렸다. 이때부터 신흥 그리스도 교회는 유대교 율타리를 확실히 벗어나서 독자적 종단으로 독립하게 된다. 교회가 70년 이전에도 이방인들에게 전도한 것은 사실이지만, 70년에 성전이 불탄 다음부터는 유대인 상대 전도는 완전히 포기하다시피 하고 오로지 이방인들만을 상대로 전도했다(1-10절).

이어 마태오는 교우들의 신앙생활 실태를 논한다 (11-14절). 마태오에 따르면 교회는 성속의 뒤범벅이다. 교회에는 착실한 그리스도인들이 있는가 하면 사이비 그리스도인들도 많기 때문이다. 사실 마태오는 교회가 참 그리스도인들과 가짜 그리스도인들이 함께 사는 혼합 공동체라는 점을 자주 강조했다. 임금의 아들 혼인 잔치 비유에선 가짜 그리스도인들을 일컬어 '혼례복을 입지 않은 사람들'이라고 한다. 혼례복은 산상수훈의 가르침을 행함, 아버지의 뜻을 행함, 의로움을 행함, 사랑의 이중 계명을 행함, 정의와 자비와 신의를 행함, 자비를 행함을 뜻한다. 그러니 혼례복을 입지 않은 사이비 그리스도인들은 "주님, 주님" 부르짖기만 하고 하느님 아버지의 뜻을 행하지 않는 교우들이다. 이들은 모두 종말에 단죄를 받는다. 비유 맨 끝에서 마태오는 "사실 초대받은 이들은 많지만 선택된 이들은 적습니다"라고 한다. 참 그리스도인들보다 사이비 그리스도인들이 많다는 탄식처럼 들린다.

이스라엘의 지도자들은 하느님과 예수님의 초대를 사양했다. 그들은 율법으로 자만자족한 까닭에 복음을 받아들일 마음의 여유가 없었다. 반대로 천민들은 자신들의 부족을 깨닫고 구원을 갈구했다. 사도 바울로는 고린도 교우들의 됨됨이를 두고 이렇게 썼다.

여러분 중에 지혜로운 이도 많지 않으며 유력한 이도 많지 않고 가문이 훌륭한 이도 많지 않습니다. 하느님께서는 지혜로운 자들을 부끄럽게 하시려고 오히려 세상의 어리석은 것을 택하셨습니다. 하느님께서는 강한 것을 부끄럽게 하시려고 세상의 약한 것을 택하셨습니다. 또한 하느님께서는 잘난 체하는 것들을 무력하게 하시려고 세상에서 미천한 것과 멸시받는 것, 아무것도 아닌 것들을 택하셨습니다. (1고린 1:26-28)

< 12 >

살림을 맡은 종의 비유

(마태 24:45-51)

45 "주인이 종에게 자기 가복家僕들을 맡겨 제때에 그들에게 양식을 주게 했다면 누가 과연 충실하고 슬기로운 종이겠습니까? 46 복되도다. 제 주인이 와서는 이렇게 하고 있는 것을 발견하게 될 그 종은! 47 진실히 여러분에게 말하거니와 (주인은) 그에게 자기 소유를 맡길 것입니다. 48 그러나 만일 그 종이 나빠서 제 마음속으로 '내 주인이 지체하는구나' 하면서 49 자기 동료 종들을 치기 시작하고 (술에) 취한 자들과 함께 먹고 마신다면 50 기다리지 않은 날, 알지 못하는 시간에 그 종의 주인이 들이닥쳐서 51 그를 동강 내고 또한 그에게 위선자들이 받을 몫을 줄 것입니다. 거기서 그는 울고 이를 갈게 될 것입니다."

신국이 미구에 갑자기 도래할 테니 모름지기 이스라엘 지도자들은 방심하지 말고 선민을 선도하라는 뜻으로 예수께서는 이 비유를 발설하셨을 법하다. 초대교회는 이 비유를 예수 재림의 비유로 알아들었다. 여기서 "주인이 지체하는구나"라는 표현은 예수 재림이 지연된다는 뜻이다. 이처럼 재림이 지연되더라도, 모름지기 교회 지도자들은 신도들을 잘 돌봐야만 그분이 어느 날 갑자기 내림하시는 날에 구원을 받으리라는 말씀이다.

초대교회 전승자, 예수 어록 편찬자, 마태오 복음작가 및 루가 복음작가 모두가 이 비유를 교회 지도자들을 향한 교훈으로 알아들었다. 교훈의 핵심인즉, 교회 지도자들은 제때에 교우들에게 양식을 주어야 한다는 것이다.

그러나 이는 다분히 상징적인 서술이라 그 뜻을 찾아야 한다. 예수께서 하신 일은 구원이요 그분이 하신 말씀은 복음이다. 우리 교회가 할 일과 할 말도 구원과 복음이다. 그러니 교회 지도자들이 사목할 때, 우리 교우들로 하여금 구원 따라 신나게 살고, 복음 따라 기쁘게 살도록 하면 얼마나 좋을까. 그러나 사목 현실은 정반대여서 구원 대신 억압이 판치고 복음 대신 흉음이 들리기 일쑤이니 심히 딱한 노릇이다. 그리스도 신앙이 짐이 되기보다는 힘이 되었으면 하는 마음이 간절하다.

< 13 >

돈 관리 비유

(마태 25:14-30)

14 "사실 그것은 이런 사람의 경우와 같습니다. 그는 여행을 떠나면서 제 종들을 불러 그들에게 자기 소유를 넘겨주었습니다. 15 그는 각자에게 제 능력대로, 하나에게는 다섯 달란트를, 하나에게는 두 달란트를, 하나에게는 한 달란트를 주고 떠났습니다. 16 다섯 달란트를 받은 이는 즉각 가서 그것으로 일하여 다른 다섯을 벌었습니다. 17 그같이 두 달란트를 받은 이도 다른 둘을 벌었습니다. 18 그러나 한 달란트를 받은 이는 물러가서 땅을 파고 자기 주인의 은전을 숨겼습니다. 19 많은 기간이 지나 그 종들의 주인이 와서 그들과 함께 셈을 밝혔습니다. 20 다섯 달란트를 받은 이가 다가와서 다른 다섯 달란트를 갖다 바치며 '주인님, 다섯 달란트를 제

게 넘겨주셨는데, 보십시오. 다른 다섯 달란트를 벌었습니다'라고 했습니다. 21 그의 주인은 그에게 말했습니다. '잘했다. 선하고 충실한 종아. 작은 것에 충실했으니 네게 많은 것을 맡기겠다. 들어와 네 주인의 기쁨을 (누려라).' 22 두 달란트를 받은 이도 다가와서 '주인님, 두 달란트를 제게 넘겨주셨는데, 보십시오. 다른 두 달란트를 벌었습니다'라고 했습니다. 23 그의 주인은 그에게 말했습니다. '잘했다. 선하고 충실한 종아, 작은 것에 충실했으니 네게 많은 것을 맡기겠다. 들어와 네 주인의 기쁨을 누려라.' 24 그러자 한 달란트를 받은 이도 다가와서 말했습니다. '주인님, 저는 당신이 모진 사람이라 뿌리지 않은 데서 추수하고 흩지도 않은 데서 모아들이는 것으로 당신을 알고 있었습니다. 25 그래서 두려워한 나머지 물러가서 당신의 달란트를 땅속에 숨겼습니다. 보십시오. 당신의 것이 여기 있습니다.' 26 그의 주인은 대답하여 그에게 말했습니다. '악하고 게으른 종아, 너는 내가 뿌리지도 않은 데서 추수하고 흩지도 않은 데서 모아들이는 것을 알고 있었단 말이지? 27 그렇다면 너는 나의 은전들을 돈놀이꾼들에게 던져야만 했다. 그러면 내가 와서 이자와 함께 내 것을 돌려받았을 것이다. 28 그러니 너희는 그에게서 한 달란트마저 빼앗아 열 달란트를 가진 이에게 주어라. 29 사실, 누구든지 가진 이에게는 더 주어 넘치게 할 것이고, 갖지 못한 이에게는 가진 것마저 그로부터 빼앗을 것이다. 30 너희는 쓸모없는 종을 바깥 어둠 속으로 쫓아내라. 거기서는 울고 이를 갈게 될 것이다.'"

주인이 종들에게 각자의 능력에 따라 돈을 맡겨 그것을 밑천으로 자신의 재산을 불리도록 했다. 그는 한참 후에 돌아와서 종들과 셈을 하는데, 자기 재산을 부지런히 늘린 종 두 사람에게는 늘린 만큼 후한 상을 주고 게을러서 전혀 재산을 늘리지 못한 종에게서는 맡긴 돈조차 회수한다는 게 이 비유의 골자다.

마태오는 달란트의 비유를 예수 재림과 관련하여 우의적으로 이해했다. "그는 여행을 떠나면서"는 예수께서 죽으시고 부활하심으로써 이승을 떠나 저승으로 가신 것을 가리킨다. "제 종들을 불러 그들에게 자기 소유를 넘겨주었습니다"란 말씀은 교회 지도자들에게 전도 소명을 주셨다는 뜻이다. "많은 기간이 지나 그 종들의 주인이 와서 그들과 함께 셈을 밝혔습니다"라는 것은 종말이 임박하지 않고 지연된다는 것, 역사가 많이 흐른 다음에 종말이 온다는 것이다. 그렇지만 종말 심판은 반드시 닥쳐 전도사들의 충실성 여부를 따진다는 것이다.

이 비유가 본디 하느님 나라에 관한 비유였다면, 그 뜻인즉 하느님의 나라는 직설법이자 명령법이고, 은총이자 요청이며, 선물이요 과제라는 것이다. 여기서 과제란 하느님의 뜻에 따라 사는 것이겠는데, 하느님 뜻대로 살아야만 종말에 복락을 누린다는 뜻이 곁들여 있다.

아울러 주석가들이 셋째 종과 주인이 나누는 대담(24-26절)에 지나치게 치중하다 보니, '모진' 하느님 모습에 당황하기도 하고 비유 밑바탕에 황차 논리가 깔려 있다고 주장하기도 한다. 그러나 셋째 종과 주인 간

의 대담은 비유를 기름지게 하는 윤활유와 같은 요소
일 뿐이다. 이 대담을 근거로 하느님은 '모진' 분이시라
고 풀이해선 안 된다. 이 대담의 근본 취지는 가차 없
이 쥐어짜시는 하느님을 보여 주려는 것이 아니라, 셋
째 종의 게으른 잘못을 드러내려는 것이다. 이 대담에
나오는 낱말 하나하나에 유의하기보다는 종말 심판은
지엄하다는 정도로 이해하면 좋겠다.

< 14 >

가라지의 비유와 그 해설

(마태 13:24-30, 36-43)

---

24 다른 비유를 들어 그들에게 말씀하셨다. "하늘나라는 자기 밭에 좋은 씨를 뿌리는 사람과 같습니다. 25 사람들이 자고 있는 동안 그의 원수가 와서 밀 한가운데다 가라지를 덧뿌리고 물러갔습니다. 26 줄기가 돋아나 열매를 낸 그때에 가라지도 드러났습니다. 27 그러자 집주인의 종들이 다가와서 그에게 '주인님, 당신의 밭에 좋은 씨를 뿌리지 않았습니까? 그런데 어떻게 가라지가 생겼습니까?' 하자 28 그는 '원수 된 사람이 이렇게 하였다'고 그들에게 말했습니다. 종들이 그에게 '그러면 저희가 물러가서 그것들을 그러모으기를 원하십니까?' 하자 29 그는 말했습니다. '아니다. 너희가 가라지를 그러모으다가 그것들과 함께 밀까지 뽑아 버릴라. 30 추수까지는 둘 다 함

께 자라도록 두어라. 그러면 추수 때에 내가 추수꾼들에게 말하리라. 가라지들을 태워 버리기 위해 여러분은 먼저 그것들을 그러모으고 그것들을 한 묶음씩 묶으시오. 그러나 밀은 내 곳간에 모아들이시오.'"(…)

36 그때에 군중들을 버려두고 집으로 가셨다. 그 제자들이 그분께 다가와서 "밭의 가라지들 비유를 저희에게 자세히 일러 주십시오" 하였다. 37 그러자 그분은 대답하여 말씀하셨다. "좋은 씨를 뿌리는 이는 인자이며 38 밭은 세상입니다. 또 좋은 씨, 이들은 나라의 아들들입니다. 가라지들은 악한 자의 아들들이고 39 그것들을 뿌린 원수는 악마입니다. 추수는 세기의 끝맺음이며 추수꾼들은 천사들입니다. 40 그러므로 가라지들은 그러모아

불에 태우는 것처럼 세기의 끝맺음에도 그렇게 될 것입니다. 41 인자가 자기 천사들을 파견하여, 모든 걸려 넘어지게 하는 일들과, 범법을 행하는 자들을 자기 나라에서 그러모아 42 그들을 불가마에 던질 것입니다. 거기서는 울고 이를 갈게 될 것입니다. 43 그때에 의인들은 그들 아버지의 나라에서 해처럼 빛날 것입니다. 귀를 가진 이는 들으시오."

마태오는 가라지의 비유에 나오는 일곱 낱말의 의미를 밝히고(37-39절), 아울러 종말 심판을 묘사한다(40-43절). 그 뜻인즉, 예수 인자는 온 세상을 심판하여 '나라의 아들들(그리스도인들)'은 구원하시고 '악한 자의 아들들(비그리스도인들)'은 멸망시키신다는 것이다.

세상에만 밀과 가라지가 있는 게 아니다. 교회 안에도 밀과 가라지가 함께 자란다. 마태오에 따르면 역사가 다할 때까지 교회에는 참 그리스도인들과 사이비 그리스도인들이 공존한다. 인간의 유한성이 인간들의 모임인 교회에도 고스란히 나타난다. 사실 교회는 진위의 뒤범벅, 선악의 뒤범벅, 미추의 뒤범벅, 성속의 뒤범벅이다. 교부들은 교회를 일컬어 '순결한 창녀'라 하지 않았던가.

그렇지만 그리스도교를 '거룩한 교회'라고도 한다. 마태오는 교회를 세상의 소금이요 세상의 빛이라고 한다. 요즘 말로 바꾸면 교회는 세속과는 질적으로 다른 대조 공동체, 대안 공동체, 대척 공동체가 되어야 한다는 것이다. 어떻게 하면 교회가 그런 공동체로 탈바꿈할 수 있을까. 예수 공부, 예수 닮기가 그 첩경일 것이다. 그러나 예수 공부도 예수 닮기도 노상 모자랄 터이니 그리스도인들은 교회의 이상적 모습을 너무 동경하지 말 일이다.

< 15 >

보물의 비유와 진주 장사꾼의 비유

(마태 13:44-46)

44 "하늘나라는 밭에 숨겨진 보물과 비슷합니다. 어떤 사람이 그것을 발견하자 숨겨 두고는 기뻐하며 돌아가서 가진 것을 모두 팔아 그 밭을 삽니다. 45 또 하늘나라는 좋은 진주를 찾는 장사꾼과 비슷합니다. 46 그는 값진 진주를 하나 발견하자 물러가서 가진 것을 모두 처분하여 그것을 샀습니다."

소작농이나 품꾼이 남의 밭을 갈다가 우연히 보물단지를 발견한다. 그는 그것을 다시 파묻고 몹시 기뻐하며 집으로 가서 재산을 다 팔아 그 돈으로 밭을 산다. 그리하여 합법적으로 보물을 차지한다. 진주 장사꾼은 좋은 진주를 우연히 발견한 것이 아니고 그런 것을 찾아다니다 발견하게 된다. 그는 매우 값진 진주를 발견하자 물러가서 재산을 몽땅 처분하여 그것을 산다.

이스라엘은 전쟁이 잦은 곳이라 몰래 보물을 단지에 넣어 밭에다 묻어 두고 피난 가곤 했는데, 주인이 불귀의 객이 되어 못 돌아오면 남이 우연히 그 밭을 갈다가 발견하는 수가 있었다. 또한 당시는 인조 진주가 없던 시절이라 천연 진주는 지금보다 훨씬 더 높은 값으로 거래되었다. 클레오파트라 여왕이 걸친 진주 목걸이가 최고가였다고 한다.

본문에서 하늘나라의 비유라고 했다. 하늘나라나 하느님의 나라나 매한가지다. 그럼 하느님의 나라는 무슨 뜻일까. 하느님의 나라는 하나님의 선한 통치다. 하느님의 보살펴심이요, 하느님의 사랑이다.

한 쌍의 비유를 예수님의 신상 발언으로 보고 풀이하면 이렇다. 예수께서는 하느님의 사랑에 매료되어 기꺼이 모든 것을 버리고 그 사랑을 외치고 그 사랑을 보여 주는 일에 헌신하신다는 것이다. 자비하신 하느님의 지극한 사랑보다 더 값진 가치는 이 세상에 또 없기에, 예수님께서는 기꺼운 마음으로 목수, 석수, 미장이 등 건축 일을 팽개치고 어머니와 동생들 부양도 저버리고 나자렛 고향도 등지고 이스라엘 각지를 떠돌아다니며 그 사랑을 선포하고 체현하신다는 것이다.

또한 한 쌍의 비유를 예수께서 제자들에게 말씀하

신 훈계로 생각할 수도 있다. 모름지기 제자들은 하느님 사랑에 감읍해서 기꺼이 모든 것을 포기하고 오로지 그 사랑에 보답해야 한다는 훈계로 볼 수 있다. 사실 추종의 말씀 중에는 "집이나 형제자매 어머니나 아버지나 토지를 버리고"(마르 10:29-30), "자기 자신조차 버리고는"(마르 8:34), "하늘나라 때문에 스스로 고자가 되고"(마태 19:12), "정주定住와 아버지 장례까지도 포기하라"(마태 8:18-22)는 훈계가 있다.

예수께서는 하느님을 어떻게 생각하셨기에 그렇게까지 말씀하셨을까. 곧 그분의 신관을 살필 필요가 있다. 구약성서에 나오는 하느님의 여러 품성 가운데서 예수께서는 무엇보다도 하느님의 자비와 사랑을 수용하셨다. 야훼께서 모세에게 당신의 이런 품성을 손수

소개하신 다음과 같은 글귀들을 예수께서는 눈여겨보
셨음 직하다.

나는 야훼다. 야훼다. 자비와 은총의 신이다. 좀처럼
화를 내지 아니하고 사랑과 진실이 넘치는 신이다. 수
천 대에 이르기까지 사랑을 베푸는 신, 거슬러 반항하
고 실수하는 죄를 용서해 주는 신이다. (출애 34:6-7)

대자대비하신 하느님을 예수께서는 '아빠'라고 부르
셨다(마르 14:36). '아빠'는 본디 아기들이 입에 담는 말
이다. 아기가 어른이 되어서도 아버지를 아빠라고 부
르는 수가 더러 있지만, 부자간의 관계가 지극히 정겨
울 때만 그렇다. 온 이스라엘 역사를 통틀어 예수께서
맨 처음으로 하느님을 아빠라고 부르셨고, 예수님의

영향으로 초세기 그리스도인들도 그렇게 부르곤 했다. 하느님을 '아빠'라고 부르신 예수께서는 당시 자신을 아빠의 '아가'라고 여기셨음에 틀림없다.

아빠라는 호칭 말고도 예수께서는 하느님의 자비와 사랑을 여러 가지 비유와 이야기로 말씀하곤 하셨다. 잃은 양을 되찾고 기뻐하는 목자의 비유, 잃은 은전을 되찾고 기뻐하는 부인의 비유, 잃은 아들을 되찾고 기뻐하는 아버지의 비유, 악인들에게나 선인들에게나 해와 비를 주시는 하느님 이야기, 만 달란트 빚을 탕감해 주는 임금의 비유, 선한 포도원 주인의 비유 등은 하나같이 하느님의 사랑을 강조한다.

초세기 말엽에 요한1서를 쓴 작가는 하느님의 사랑에 너무나 감동한 나머지 "하느님은 사랑이십니다"(1요한 4:8, 16)라고 정의했다. 그리스도교 이천 년 역사상

이보다 더 멋진 하느님 정의가 또 있을까.

　신앙생활에는 하느님이 얼마나 좋으신지 맛 들이는 일이 절실하다. 그러면 하느님을 섬기는 데 거스르는 것들을 기꺼이, 그리고 온전히 끊어 버릴 수 있다. 그럼 하느님을 체험하는 길은 무엇일까. 우선 예수님의 신관을 눈여겨볼 일이다. 간접 체험으로 이보다 나은 게 없다. 아울러 기도, 특히 묵상기도를 통해 하느님의 존재를 깨달아야 한다.

< **16** >

그물의 비유

(마태 13:47-50)

47 "역시 하늘나라는 바다에 던져져 모든 물고기 종류를 모아들인 그물과 비슷합니다. 48 그것이 가득 차면 물가에 끌어올려 놓고 앉아서 좋은 것들을 어롱에 그러모으고 나쁜 것들은 밖에다 던졌습니다. 49 세기의 끝맺음에도 그렇게 될 것입니다. 천사들이 나가서는 의인들 가운데서 악한 이들을 갈라내어 50 그들을 불가마에 던질 것입니다. 거기서는 울고 이를 갈게 될 것입니다."

세계 어느 곳의 어부들이든 그물을 던져 물고기를 잡으면 식용과 비식용으로 가려낸다. 이스라엘에선 금기식품법이 엄해서, 영양 또는 맛에 있어 훌륭한 식품들을 율법상으로 불결한 것으로 간주하여 먹지 못하게 하는 경우가 많다. 물고기의 경우에는 지느러미와 비늘이 없으면 불결하다고 보았다(레위 11:10-12).

이야기의 배경은 갈릴래아 호수다. 그 호수에는 예나 이제나 많은 물고기들이 서식하는데 그 가운데는 율법상으로 먹어도 되는 것이 있고, 안 되는 것도 있다. 갈릴래아 호수의 어부들은 그물에 가득 담긴 물고기들 가운데서 율법상으로 허용되는 물고기들은 거두어들이고 그렇지 않은 것들은 내버렸다. 이는 호숫가에서 노상 볼 수 있는 일이었다.

비유의 의미인즉, 종말 심판 때 하느님께서 선인들
과 악인들을 판가름하신다는 것이다. 그러나 대자대비
하신 하느님이 어떻게 약하디약한 인간을 심판하신단
말인가. 실은 하느님이 심판하시는 게 아니다. 인간이
죽어 하느님 앞에 가서 한 순간에 이승에서의 삶을 되
돌아보는 게 심판이다. 참사람이 될 수 있었던 그 많은
기회를 선용했는가, 무시했는가를 스스로 깨닫는 게
심판이다.

< 17 >

무자비한 종의 비유

(마태 18:23-35)

---

23 "그런즉 하늘나라는 자기 종들과 셈을 밝히기를 원하는 임금인 어떤 사람과 같습니다. 24 그가 (셈을) 밝히기 시작하자 만 달란트를 빚진 이 하나가 그에게 끌려왔습니다. 25 그가 갚을 만한 것을 갖지 못했으므로 주인은 그(자신)도 아내도 자녀들도 또 그가 가진 것은 모두 처분하여 갚으라고 명령했습니다. 26 그러자 종이 엎드려 그에게 절하며 '저를 (좀) 참아 주십시오. 당신께 모두 갚아 드리겠습니다' 하였습니다. 27 그 종의 주인은 측은히 여겨 그를 풀어 주고 그에게 부채를 삭쳐 주었습니다. 28 그런데 그 종은 나가다가 자기에게 백 데나리온을 빚진 자기 동료 종들 중 하나를 발견했습니다. 그러자 그를 붙잡고 (목을 졸라) 숨 막히게 하면서 '무얼 빚졌거든

갚아라' 하였습니다. 29 그러자 그의 동료 종은 엎드려 그에게 간청하며 '나를 참아 주게. 자네에게 갚아 주겠네' 했습니다. 30 그러나 그는 (그러길) 원치 않아 물러가서는, 빚진 것을 갚을 때까지 그를 감옥에 던져 넣었습니다. 31 그러자 그의 동료 종들이 일어난 일을 보고는 몹시 근심스러워하여, 가서 자기들의 주인에게 일어난 일을 모두 자세히 일렀습니다. 32 그때에 그의 주인은 그를 가까이 불러 그에게 말했습니다. '악한 종아, 실은 네가 나에게 간청하기에 나는 너에게 그 빚을 모두 삭쳐 주었다. 33 내가 너를 불쌍히 여긴 것처럼 너도 네 동료 종을 불쌍히 여겨야 할 줄을 몰랐더냐?' 34 그의 주인은 진노하여, 빚진 것을 모두 갚을 때까지 그를 형집행관들에게 넘겨주었습니다. 35 여러분이 각자 자기 형제를 여러분의 마음으로부터 용서하지 않으면 나의 하늘 아버지께서도 여러분에게 그처럼 하실 것입니다."

이 비유의 뜻인즉, 하느님께서 먼저 많이 용서하셨으니 우리도 형제들을 용서해야 한다는 것이요, 하느님께서 먼저 끝없이 자비를 베푸셨으니 우리도 형제들에게 자비를 베풀어야 한다는 것이다. 이 말에는 하느님의 자비로운 성품이 매우 잘 드러난다. 예수님께서 선포하신 신관의 정수라 하겠다. 또 이 비유에 내포된 사상은 기타 예수의 언행과도 잘 어울린다.

　여기서 주인은 하느님을 가리키는 은유인데, 예수께서는 하느님의 자애로운 모습을 자주 강조하셨다. 잃은 양을 되찾고 기뻐하는 목동 같은 하느님, 잃은 은전을 되찾고 기뻐하는 부인 같은 하느님, 잃은 아들을 되찾고 기뻐하는 아버지 같은 하느님, 악한 사람에게나 선한 사람에게나 골고루 햇빛과 비를 주시는 하느님을 예수께서는 율법에 찌든 동포들에게 알리고자 애쓰셨다. "여러분의 아버지께서 자비로우신 것 같이 여러분도 자비롭게 되시오"(루가 6:36)라고 외치셨다.

또한 예수께서는 하느님의 자비를 입으로 외치셨을 뿐 아니라 몸으로 이룩하셨다. 예수께서 이스라엘 선민 모두를 모으려고 하신 것도 사실이지만, 그 가운데서도 가난한 이들과 굶주린 이들과 한 맺힌 이들, 윤리상의 죄인들과 직업상의 죄인들, 어린이들, 여자들 등 소외자들과 즐겨 어울리셨다. 예수께서는 하느님의 자비를 체현하셨다.

진실로 하느님의 크신 용서를 증득證得한 사람이라면 당연히 이웃의 작은 허물을 용서해야 한다. 그리고 이웃을 용서하면 다시금 하느님의 용서를 받는 법이다. 불행히도 무자비한 종은 하느님에게서 용서를 받기만

하고 이웃에게 베풀 생각을 하지 않았다.

무자비한 종은 용서를 받기만 하고 베풀 줄을 몰랐기 때문에 단죄를 받는다. 이 단계에 비유의 성격이 비로소 환히 드러난다. 무자비한 종의 비유는 심판을 경고하는 비유다.

이 비유는 마지막 심판의 비유로, 권유이며 동시에 경고이다. 하느님은 너에게 (복음을 통해, 용서의 약속을 통해) 모든 이해를 넘어서는 은혜로운 용서를 허락했다. 그런데 너는 네 형제에게 그 사소한 빚을 탕감해 줄 수 없는가. 하느님의 은사는 의무를 부과한다. 만일 네가 권리를 주장하면서도 냉혹하고, 용서를 받았으면서도 다른 사람을 용서하지 않는다면, 너는 저주를 받으리라. 그때에는 모든 것이 위험하게 된다. 그때에는 하느님이 빚의 탕감을 취소하고 너로 아주 무서운 심판을 경험하게 할 것이기 때문이다. (요아킴 예레미아스, 《예수의 비유》, 허혁 옮김, 분도출판사, 1974, 206쪽)

이 비유의 셋째 단계에 나오는 하느님의 지엄하신 심판(31-34절)은 첫째 단계에 나오는 하느님의 자비로운 모습(23-27절)과 도무지 어울리지 않는다고 생각할 수도 있겠지만, 이웃 사랑을 거역하는 이들에게 예수께서는 분명히 심판을 예고하셨다(마태 7:21-27, 마태 8:11-12).

우리가 자주 바치는 '주의 기도'에는 "우리에게 잘못한 이를 우리가 용서하듯이 우리 죄를 용서하시고"라는 간구가 들어 있다. 이 간구를 쓰인 대로만 풀이한다면 우리가 남을 용서하는 행위가 앞서고 하느님께서 우리를 용서하는 행위가 뒤따른다고 생각할 수 있다. 그러나 이는 옳지 않은 풀이다.

'무자비한 종의 비유'에서 보듯이 하느님의 엄청난 용서가 앞선다. 하느님께 감읍해서 협량한 우리도 이웃의 잘못을 용서하려는 마음이 생기는 법이다. 신앙의 차원에서는 하느님의 자비와 사랑이 우리의 노력보다 늘 앞선다.

여러분의 아버지께서 자비로우신 것 같이 여러분도 자비롭게 되시오. (루가 6:36)

우리가 하느님을 사랑한 것이 아니라 오히려 그분이

우리를 사랑하셔서 당신의 아들을 우리 죄 때문에 속
죄의 제물로 보내셨습니다. 사랑하는 여러분, 하느님
께서 우리를 이토록 사랑하셨으니 우리도 서로 사랑
해야 합니다. (1요한 4:10-11)

< 18 >

선한 포도원 주인의 비유
(마태 20:1-16)

1 "사실 하늘나라는 자기 포도원에 일꾼들을 고용하러 이른 새벽에 나가는 집주인과 비슷합니다. 2 일꾼들과 하루 한 데나리온을 주기로 합의하고 그들을 자기 포도원으로 보냈습니다. 3 또 아홉 시쯤에 나가서 보니 다른 사람들이 장터에 하는 일 없이 서 있었습니다. 4 그들에게 '당신들도 포도원으로 가시오. 정당한 삯을 당신들에게 주겠소' 하니 5 그들도 갔습니다. 다시 열두 시와 오후 세 시쯤에 나가서 그와 같이 했습니다. 6 그리고 오후 다섯 시쯤 나가서 보니 또 다른 사람들이 서 있었습니다. 그들에게 '왜 당신들은 하는 일 없이 하루 종일 여기 서 있습니까?' 하자 7 그들이 그에게 '아무도 우리를 고용하지 않았기 때문입니다' 했습니다. 그들에게 '당신들도 포

도원으로 가시오' 했습니다. 8 저녁때가 되자 포도원 주인은 자기 관리인에게 '일꾼들을 불러 맨 나중 사람들로부터 시작하여 맨 먼저 사람들에게까지 그들의 품삯을 치르시오' 했습니다. 9 오후 다섯 시쯤 고용된 사람들이 와서 한 데나리온씩 받았습니다. 10 그러자 맨 먼저 사람들은 더 받으려니 생각했지만, 그들도 한 데나리온씩 받았습니다. 11 받으면서 집주인에게 투덜거리며 12 '이 맨 나중에 온 사람들은 한 시간만 일했는데 그들을 하루의 수고와 뙤약볕을 견딘 우리와 같이 다루십니까?' 하였습니다. 13 그러자 집주인은 그들 가운데 하나에게 말했습니다. '친구, 나는 당신에게 불의한 일을 하지 않았습니다. 당신은 나와 한 데나리온으로 합의하지 않았습니까.

14 당신의 품삯이나 받아 가시오. 나는 이 맨 나중 사람에게도 당신에게처럼 주고 싶습니다. 15 내 것을 가지고 내 마음대로 해서는 안 된다는 말입니까? 혹은 내가 선하다고 해서 당신의 눈길이 사나워집니까?' 16 이와 같이 말째가 첫째가 되고, 첫째가 말째가 될 것입니다."

* 여기에 인용된 신약성서 본문은 저자가 그리스 원전을 번역한 것입니다.

이스라엘에선 10월 말경이면 포도를 거둬들인다. 포도 수확은 일일이 손으로 하는 일이라 예나 이제나 일꾼이 많이 필요하다. 포도원 주인은 오전 여섯 시, 아홉 시, 낮 열두 시 그리고 오후 세 시, 다섯 시에 노동 시장에 가서 계속하여 일꾼을 고용한다. 주인은 오후 여섯 시에는 일을 마감하고 관리인을 시켜 품삯을 준다. 여기까지는 별로 이상할 게 없다. 문제는 그다음인데, 포도원 주인은 하루 종일 일한 사람들에게 당초 합의한 대로 로마 은화 한 데나리온을 품삯으로 줄 뿐 아니라, 오후 늦게 단 한 시간 일한 일꾼들에게도 똑같은 품삯을 준다는 것이다. 왜였을까.

여기에는 예수님 당신이 하느님의 처신을 본받아 행동해야 한다는 뜻이 함축적으로 들어 있다. 하느님은 선한 포도원 주인 같은 분이시다. 선한 포도원 주인이 맨 나중 일꾼들에게 건넨 한 데나리온은, 그들이 일한 만큼의 품삯을 넘어 그들이 거느린 가족들의 생계를 걱정해서 크게 호의를 베푼 것이다. 하느님의 자비를 이야기하고 있는 것이다. 예수도 하느님의 이러한 사랑을 깊이 깨달으신 까닭에 직업상의 죄인들 및 윤리상의 죄인들과 기꺼이 어울리셨다. 공덕에 비례하여 보상을 받는다고 생각했던 바리사이들과 율사들을 향해 하느님의 넘치는 호의를 역설하셨다.

성서주석가들 못지않게 문인들도 이 비유의 핵심을 정확히 간파했다. 타고난 이야기꾼 박완서 선생은 말하기를, 이 비유 전반부는 하나도 어려울 게 없는 데 비해서 후반부는 한동안 좀처럼 납득이 가지 않았다고 한다.

날이 아주 저물어 품삯을 계산할 때 주인이 한 처사는 좀처럼 납득이 안 된다. 품삯을 맨 나중에 온 사람부터 주는 것도 불공평한 것인데, 새벽부터 일한 일꾼이나 저녁때 불러들인 일꾼이나 똑같이 한 데나리온씩 준다는 건 말도 안 되는 처사였다. 온종일 뙤약볕 밑에서 수고한 일꾼들이 이런 주인의 처사에 항의하는 건 너무나 당연하다.

그러나 항의한 일꾼에 대한 주인의 대답은 마지막 일꾼에게도 한 데나리온을 주려고 했으니 그대로 했을 뿐이고 내 것 가지고 내 마음대로 하는데 네가 무슨 상관이냐며 되레 나무라는 투다. 나도 항의한 일꾼과 마찬가지로 그 대목이 도무지 마음에 안 들었다. 하늘 나라가 있고 없고를 떠나서도 초월적인 존재가 반드시 있어야 된다고 믿는 까닭이 이 세상의 온갖 부조리

예수의 말

와 불공평 때문이어서 그런지, 내가 생각하는 초월적인 존재는 인간의 수고와 선악을 다는 절대적으로 공평한 저울을 가진 분이어야 했다. 그런데 하늘나라에 들 수 있는 조건을 가혹하다 할 정도로 까다롭게 붙이기로 소문난 예수님께서 어쩜 이렇게 허술한 비유를 하셨을까.

이렇게 도무지 이해가 안 되던 구절이 요새는 가장 아름다운 장면이 되어 자주 떠오른다. 포도원 일꾼이라면 물론 말발이나 글발로 먹고살 수 있는 지식인은 아니었을 테고 요즈음의 기능직하고도 달라 그냥 몸힘 하나로 가족을 먹여 살리려는 막노동꾼이었을 것이다. (…)

그 일꾼의 초조하고 초라한 모습과 그를 바라보는 예수님의 따뜻하고 부드러운 연민의 시선과의 만남은

슬프고도 아름답다. 예수님은 그들에게도 한 데나리
온을 주라고 말씀하신다. 한 데나리온을 현대의 화폐
가치로 환산하면, 아마 사람답게 살 수 있는 최소한의
임금이 되지 않을까. 막노동 시장에 일손이 딸리는 현
상도 먼저 온 일꾼, 바꾸어 말하면 더 약은 사람과의
물질적 정신적인 차별 대우 때문이지 결코 일하기가
싫어서는 아닐 것이다. 가진 자가 먼저 걱정해야 할
일은 노동을 기피하는 풍조가 아니라, 자신이 어떤 포
도원 주인이 되느냐 하는 것일지도 모르겠다. (…)
과연 그분의 저울은 인간의 지혜가 만든 어떤 정밀한
저울보다도 틀림이 없다. (박완서, '그분의 저울', 〈성서
와함께〉, 1990.8, 59-61쪽)

요한계 교회의 표현을 빌리면 예수 그리스도의 하느

님은 사랑 그 자체이시다. 하느님과 인간을 예수처럼 가까이 맺어 준 현자나 도사는 전세계 종교사상 없었다. 예수의 비유는 우화와는 질적으로 다르다는 사실을 강조했던 예수 비유 연구의 대가 아돌프 율리허Adolf Jülicher(1857-1938)는 선한 포도원 주인의 비유를 복음의 핵심이라고 했는데, 이는 매우 정확한 표현이다. 그리스도인들은 흔히 머나먼 하느님, 지엄한 하느님을 연상하곤 하지만, 예수께서 체험하고 설파하신 하느님은 실로 가까운 하느님, 정다운 아빠이시다. 하느님이 아빠시라면 그리스도인들은 아빠 품에서 노니는 아가들이다.

< 19 >

두 아들의 비유

(마태 21:28-32)

28 "여러분은 어떻게 생각합니까? 어떤 사람에게 아들 둘이 있는데 맏이한테 가서 '얘야, 너 오늘 포도원에 가서 일을 하여라' 했습니다. 29 그러자 그는 대답하여 '싫습니다' 했지만 나중에 뉘우치고 (포도원으로 일하러) 갔습니다. 30 아버지는 다른 아들한테 가서도 같은 말을 했습니다. 그러자 그는 대답하여 '예, 주인님' 했지만 가지는 않았습니다. 31 둘 가운데 누가 아버지 뜻을 행했습니까?" 그들이 "맏이입니다" 하였다. 예수께서는 그들에게 말씀하셨다. "진실히 여러분에게 이르거니와, 세관원들과 창녀들이 여러분보다 먼저 하느님의 나라에 들어갑니다. 32 사실 요한이 여러분에게 의로움의 길을 (가르쳐 주러) 왔건만 여러분은 그를 믿지 않았습니다. 세관원들

과 창녀들은 그를 믿었습니다. 그러나 여러분은 보고도 끝내 뉘우치지 않고 그를 믿지 않았습니다."

처음엔 포도원으로 일하러 가기 싫다고 했다가 나중엔 일하러 간 맏이는 윤리상의 죄인들, 직업상의 죄인들이다. 이들은 하느님의 말씀을 외면하면서 살았지만, 막상 예수의 신국 선포를 접하고는 회개했던 것이다. 이들과는 달리 바리사이들과 율사들은 노상 하느님의 말씀을 따른다고 했지만, 막상 예수께서 하느님의 이름으로 회개를 촉구하자 그분을 배척했다. 이런 사실을 반영하는 예수의 비유는 복음서에 자주 나온다.

사람들이 멸시했던 윤리상의 죄인들, 직업상의 죄인들을 예수께서는 스스럼없이 대하셨다. 예수께서는 사람들 사이에 가로놓인 장벽을 말씀과 행동으로 허무셨다. 직업상의 죄인들을 나열하는 목록, 곧 천직 목록이 유대교 문헌에 세 차례 나온다.

- 미슈나 키두신(부당하게 수입을 올리는 여덟 가지 직종): 당나귀몰이꾼, 낙타몰이꾼, 뱃사람, 말몰이꾼, 목동, 잡화상, 의사, 백정.
- 바빌론 탈무드 키두신(여자들과 상종하는 열 가지 직종): 땜장이, 삼베를 훑는 빗 장수, 맷돌 수리공, 행상, 직조공, 양털 깎는 사람, 세탁공, 침쟁이, 목욕업자, 제혁공.
- 바빌론 탈무드 산헤드린(사기로 수입을 올리는 일곱 가지 직종): 주사위 노름꾼, 돈놀이꾼, 비둘기 경주업자, 안식년 농산물 거래자, 목동, 세무서원, 세관원.

이 여러 직종 가운데서 예수께서는 세관원들을 가까이하고 목동의 비유를 들곤 하셨다. 오늘날 우리 사회에서 천대받는 소외자들이 우리 교회에서조차 발을 붙이기 어려운 형편이다. 깊이 자성할 일이다.

진실히 여러분에게 이르거니와,

세관원들과 창녀들이 여러분보다 먼저

하느님의 나라에 들어갑니다.

사실 요한이 여러분에게 의로움의 길을 (가르쳐 주러) 왔건만

여러분은 그를 믿지 않았습니다.

< **20** >

열 처녀의 우화

(마태 25:1-13)

¹ "그때에 하늘나라는 저희 등불을 가지고 신랑을 마중 나간 열 처녀와 같을 것입니다. ² 그 가운데 다섯은 슬기로웠습니다. ³ 어리석은 처녀들은 등불을 갖고 있었으나 기름은 함께 갖고 있지 않았습니다. ⁴ 그러나 슬기로운 처녀들은 저희 등불과 함께 그릇에 기름도 갖고 있었습니다. ⁵ 신랑이 늦어지자 처녀들은 모두 졸다가 잠이 들었습니다. ⁶ 그런데 한밤중에 '보라, 신랑이다. 마중 나가라' 하는 큰 소리가 들렸습니다. ⁷ 그때에 그 처녀들이 모두 일어나 저희 등불을 챙기었습니다. ⁸ 어리석은 처녀들은 슬기로운 처녀들에게 '너희 기름을 우리에게 나누어 다오. 우리 등불이 꺼져 간다' 했습니다. ⁹ 그러나 슬기로운 처녀들은 대답하여 '안 된다. 우리에게도 너희

에게도 모자랄 터이니 차라리 상인들한테 가서 너희 것을 사라' 했습니다. 10 그들이 사러 나간 사이에 신랑이 왔습니다. 준비하고 있던 처녀들은 신랑과 함께 혼인 잔치에 들어가고, 문은 닫혔습니다. 11 나중에 다른 처녀들이 와서는 '주님, 주님, 우리에게 열어 주십시오' 했습니다. 12 그러나 신랑은 대답하여 '진실히 그대들에게 말하거니와, 나는 그대들을 모른다' 했습니다. 13 그러니 여러분은 깨어 있으시오. 여러분은 그 날과 그 시간을 모르기 때문입니다."

우선 이스라엘의 결혼 풍습에 대해 알아보자. 요아킴 예레미아스의 부친은 20세기 초엽 예루살렘에 사는 아랍인들의 결혼식을 다음과 같이 소개한다.

저녁 늦게 손님들은 신부의 집에서 음식 대접을 받는다. 오랫동안 신랑을 기다리고 있으면 마침내 신랑이 자정 삼십 분 전쯤에 신부를 데려가기 위해 오는데, 그는 휘황찬란한 촛불과 친구들에 의해 인도되고 그를 마중 나온 손님들에 의해 영접을 받는다. 그리고 신부의 집에서 만찬이 벌어진다. 그다음에는 결혼식 손님들이 화려한 행렬을 지어 다시 불빛에 휩싸이며 신랑의 집으로 가고, 그곳에서 결혼 예식과 새로운 만찬이 베풀어진다. (요아킴 예레미아스, 《예수의 비유》, 허혁 옮김, 분도출판사, 1974, 168쪽)

열 처녀 비유의 배경도 이랬을 것이다. 차이가 있다면, 아랍인들의 결혼식에서는 자정쯤에 결혼식 손님들이 신랑을 신부 집으로 맞아들이는 데 비해서, 열 처녀의 비유에서는 신부의 여자 친구들이 등불을 들고 신랑을 맞아들이는 것이다. 이는 예수 시대와 20세기 초엽 사이 천구백 년이란 시차에서 생긴 차이점에 지나지 않는다고 여겨진다.

열 처녀의 비유는 신랑 이미지로 하느님을, 혼인 잔치로 하느님의 나라를 표상한다. 한님성서연구소 소장 정태현은 비유 원형을 다음과 같이 옳게 풀이했다.

　　이 비유는 이제 곧 하느님께서 모든 이를 다스리러 오실 터인즉, 우리는 저마다 하느님의 다스림을 받을 준비를 갖추어야 한다는 것이다. 예수께서 이 비유를 통하여 청중들에게 요구하시는 것은 철저한 회심이다. 그리스도의 제자가 되고자 하는 사람은 하느님께서 인류를 위하여 마련하신 새로운 미래를 향하여 자신의 삶 전체를 던져야 한다. 이 미래는 충만하고 풍요로운 행복으로 가득 차 있지만, 동시에 철저한 자아 이탈을 전제로 한다. 사람이 자신의 잘못으로 예수의 이 초대를 거절하면 미래의 행복은 영원히 그에게서 멀어질 것이다. (정태현,《놀라운 발견》, 바오로딸, 1996, 293쪽)

'역사는 곧 끝장나고 미구에 하느님의 나라가 온다' 는 것이 예수님의 생각이었다. '역사는 곧 끝장나고 미구에 예수님이 재림한다'는 것이 초대교회와 마태오의 생각이었다. 신국 도래와 예수 재림 사상은 1세기에 성행한 묵시문학의 영향을 듬뿍 받은 것이었다. 그럼 오늘을 살아가는 우리는 어떻게 생각해야 할까. 우리 각자의 삶이 곧 끝나면 우리는 부활영체로 변모하여 하느님과 예수님을 뵈러 간다고 보면 무난하지 않을까.

하느님과 예수님을 뵈러 가는데 빈손으로 갈 수는 없다. 그럼 무엇을 갖고 갈 수 있을까. 사랑이신 하느님, 사랑의 화신인 예수님을 뵈러 가는데 사랑 말고 뭘 더 갖고 갈 수 있을까. 종말 심판 기준은 애덕행, 자비행이라는 사실을 명심해야 한다(마태 25:31-46). 오스트레일리아 원주민들에 따르면 사람이 저승으로 갈 때는 인정 성적표, 사랑 성적표 하나씩 들고 간다고 한다. 옳은 말이다. 열 처녀의 비유에 나오는 등불은 결국 사랑이다.

이와 관련해 라빈드라나트 타고르의 《기탄잘리》에

나오는 절명시 한 편(86편)의 일부분을 옮겨 적는다.

님의 종인 죽음이 내 문전에 서 있습니다.

그는 이름 모를 바다를 건너

님의 부르심을 내게 전하러 왔습니다.

밤은 어둡고 내 마음은 무서움에 찹니다.

하지만 나는 등불을 들고 문을 열어 엎드려 마중하렵
니다.

문전에 서 있는 분은 님의 전령이니까요.

나는 두 손을 모으고 눈물을 흘리면서 그를 공경하겠
습니다.

내 마음의 보화를 그의 발치에 놓고 경배하겠습니다.

< **21** >

최후 심판 이야기

(마태 25:31-46)

31 "인자가 자기 영광에 싸여 오고 모든 천사들이 그와 함께 오면 그때에 그는 자기의 영광스러운 어좌에 앉을 것입니다. 32 그러면 그 앞에 모든 민족들이 모일 것입니다. 그는 마치 목자가 양들과 염소들을 갈라놓듯이 그들을 각각 갈라놓을 것입니다. 33 양들은 자기 오른편에, 염소들은 왼편에 세울 것입니다. 34 그때에 임금은 자기 오른편에 있는 사람들에게 말할 것입니다. '내 아버지의 축복을 받은 사람들아, 와서 창세 때부터 너희를 위하여 마련한 나라를 상속받아라. 35 사실 너희는 내가 굶주렸을 때에 내게 먹을 것을 주었고 목말랐을 때에 내게 마실 것을 주었다. 나그네 되었을 때에 나를 맞아들였고 36 헐벗었을 때에 나를 입혔다. 병들었을 때에 나를 돌보았고

감옥에 갇혔을 때에 나를 찾아왔다.' 37 그때에 의인들은 그분에게 대답하여 말할 것입니다. '주님, 저희가 언제 당신이 굶주리신 것을 보고 대접했으며 목마르신 것을 보고 마시게 했습니까? 38 저희가 언제 당신이 나그네 되신 것을 보고 맞아들였으며 헐벗으신 것을 보고 입혔습니까? 39 저희가 언제 당신이 병드셨거나 감옥에 갇히신 것을 보고 당신을 찾아갔습니까?' 40 그러면 임금은 대답하여 그들에게 말할 것입니다. '진실히 너희에게 말하거니와, 너희가 나의 형제들인 이 가장 작은 이들 가운데 하나에게 해 주었을 때마다 나에게 해 준 것이다.' 41 그때에 왼편에 있는 사람들에게는 말할 것입니다. '저주받은 사람들아, 나에게서 떠나 악마와 그 심부름꾼들

을 위해서 마련된 영원한 불 속으로 가라. 42 사실 너희
는 내가 굶주렸을 때에 내게 먹을 것을 주지 않았고 목
말랐을 때에 내게 마실 것을 주지 않았다. 43 나그네 되
었을 때에 나를 맞아들이지 않았고 헐벗었을 때에 나를
입히지 않았다. 병들고 감옥에 갇혔을 때에 나를 돌보지
않았다.' 44 그때에 그들도 대답하여 말할 것입니다. '주
님, 저희가 언제 당신이 굶주리거나 목마르거나 나그네
되거나 헐벗거나 병들거나 감옥에 갇히신 것을 보고도
당신의 시중을 들지 않았다는 말입니까?' 45 그때에 대답
하여 그들에게 말할 것입니다. '진실히 너희에게 말하거
니와, 너희가 이 가장 작은 이들 가운데 하나에게 해 주
지 않았을 때마다 나에게 해 주지 않은 것이다.' 46 이자

들은 영원한 벌을 받으러 갈 것이고, 의인들은 영원한
삶을 누리러 갈 것입니다.”

최후 심판을 가장 감명 깊게 그린 그림으로는 미켈란젤로가 육 년에 걸쳐 바티칸 시스티나 성당 내부 제대칸 전면 벽에 그린 〈최후의 심판〉을 꼽겠고, 최후 심판에 대한 가장 장엄한 이야기로는 바로 마태 25:31-46을 꼽겠다.

이야기의 뜻은 하느님께서 임금님으로서 인류를 심판하실 때 애덕행, 자비행 여부에 따라 영생과 영벌을 결정하신다는 것이다. 놀랍게도 하느님께서는 어느 누가 불쌍한 이들에게 해 준 애덕행을 당신 자신에게 베푼 애덕행으로 간주하신다고 한다. 정태현의 풀이로 그 의미를 소개한다.

예수께서 최후 심판의 비유에 담아 전하고자 하셨던 메시지는 명백하다. 세상 종말에 있을 하느님의 심판에서 각 사람의 행위를 판단할 수 있는 유일한 기준은, 인종이나 종교나 지성이나 부나 권력의 차이가 아니라 고통받는 이웃에 대한 태도의 차이에 있다. 최후 심판 때에 우리를 깜짝 놀라게 할 사실은, 이웃에 대한 우리의 사랑이나 미움을 통하여 우리가 하느님 자신을 직접 만났다는 것이다. 인간이 동료 인간에게 베푸는 자비와 사랑, 반대로 동료 인간에게 보내는 무관심과 미움은 그 행위가 어떤 이름으로 이루어졌든지 하느님께 직접 영향을 미친다. 하느님은 고통받는 인간 안에서 현존하시기 때문이다. (정태현,《놀라운 발견》, 바오로딸, 1996, 310쪽)

그리스도와 인연을 맺고 사는 그리스도인이라면 경쟁의 논리보다 공존의 논리를, 미움의 논리보다 사랑의 논리를, 비정의 논리보다 연민의 논리를 앞세우며 살 수밖에 없다. 내 것이라고 해서 나 혼자 다 먹을 순 없다. 김지하의 시 〈밥은 하늘입니다〉를 옮겨 적는다.

밥은 하늘입니다.
하늘을 혼자 못 가지듯이
밥은 서로 나눠 먹는 것
밥이 하늘입니다.

하늘의 별을 함께 보듯이
밥은 여럿이 같이 먹는 것
밥이 하늘입니다.

밥이 입으로 들어갈 때에

하늘을 몸속에 모시는 것
밥이 하늘입니다.

아아 밥은
모두 서로 나눠 먹는 것.

예수의 말

내 아버지의 축복을 받은 사람들아,

와서 창세 때부터 너희를 위하여

마련한 나라를 상속받아라.

사실 너희는 내가 굶주렸을 때에

내게 먹을 것을 주었고 목말랐을 때에

내게 마실 것을 주었다.

< 22 >

두 채무자의 비유

(루가 7:36-50)

36 바리사이 가운데 어떤 이가 예수께 자기와 함께 음식을 들자고 청하였다. 그래서 예수께서는 그 바리사이의 집에 들어가 자리 잡으셨다. 37 마침 그 고을에서 죄인으로 (소문난) 여자가 있었는데 그는 예수께서 바리사이의 집에서 음식상을 받고 계시다는 것을 알고 향유가 든 옥합을 들고 왔다. 38 그는 예수 뒤쪽 발치에서 서서 울며 눈물로 그분의 발을 적시더니 자기 머리카락으로 닦고 그 발에 입 맞추며 향유를 발라 드렸다. 39 예수를 초대한 바리사이가 보고서는 속으로 '이 사람이 그 예언자라면 자기에게 손을 대는 저 여자가 누구이며 어떤 여자인지 알 터인데, 사실 죄인이지' 하고 중얼거렸다. 40 이때 예수께서 그에게 "시몬, 당신에게 할 말이 있습

니다" 하고 말씀하시자 그는 "선생님, 어서 말씀하십시오" 하였다. 41 "어떤 돈놀이꾼에게 빚진 사람 둘이 있었습니다. 한 사람은 오백 데나리온을 빚졌고 다른 사람은 오십 데나리온을 빚졌습니다. 42 그들이 갚을 길이 없자 돈놀이꾼은 두 사람의 빚을 탕감해 주었습니다. 그러면 그들 중에 누가 그를 더 사랑하겠습니까?" 43 시몬이 대답하여 "제 생각으로는 빚을 더 많이 탕감받은 사람입니다" 하자 예수께서는 그에게 "올바로 판단하였습니다" 하셨다. 44 그리고 그 여자 쪽으로 돌아서며 시몬에게 말씀하셨다. "당신은 이 여자를 보고 있지요? 내가 당신 집에 들어섰을 때 당신은 나에게 발 씻을 물도 주지 않았지만 이 여자는 눈물로 내 발을 적시고 자기 머리카락으로 닦아 주었습니다. 45 당신은 나에게 입맞춤도 하지 않았지만 이 여자는 내가 들어왔을 때부터 줄곧 내 발에 입 맞추었습니다. 46 당신은 내 머리에 기름도 발라 주지 않았지만 이 여자는 내 발에 향유를 발라 주었습니다. 47 그러므로 당신에게 이르거니와, 이 여자는 많이 사랑했기 때문에 많은 죄를 용서받았습니다. 적게 용서받는 사람은 적게 사랑합니다." 48 그리고 예수께서는 그 여자에게 "당신의 죄는 용서받았습니다" 하고 말씀하셨다. 49 그러자 함께 상을 받고 있던 사람들이 속으로 '이 사람이 누구인데 죄까지 용서해 준단 말인가' 하였다. 50 그러나 예수께서는 그 여자에게 "당신의 믿음이 당신을 구원했습니다. 평안히 가시오" 하고 말씀하셨다.

예수께서는 '빚'을 자주 언급하곤 하셨다. 예수의 모국어인 아람어로 '호바hoba'는 '빚'과 '죄'라는 두 가지 뜻이 있는 까닭에, '빚' 이미지는 흔히 '죄'를 가리킨다. 두 채무자의 비유에서 돈놀이꾼은 하느님을 가리키는 이미지다. 돈놀이꾼에게 한 사람은 오백 데나리온(노동자의 오백 일분 정도의 품삯)을 빚졌고 또 한 사람은 오십 데나리온을 빚졌다. 그들이 빚을 갚을 길이 없자 돈놀이꾼은 뜻밖에도 빚을 탕감해 주겠다고 한다. 일상생활에서 좀처럼 볼 수 없는 일이다. 인간은 너나없이 비정하니까.

돈놀이꾼에게서 빚을 적게 탕감받은 이는 부지런히 율법을 익히고 지켜서 의인으로 자처한 바리사이들을 가리키겠고, 빚을 많이 탕감받은 이는 율법을 잘 알지도 못하고 지키지도 못한 직업상의 죄인들, 윤리상의 죄인들을 가리킨다. 직업 때문에 죄인 취급을 받은 대표적 인물이 세관원인데 예수께서는 이들을 무척 편애하셨다. 윤리상의 죄인들 가운데 대표적 사례로는 간음하다가 붙잡혀 온 여자를 꼽겠다. 예수께서는 간음녀를 단죄하지 않고 그녀에게 새 삶을 선사하셨다. 많이 용서받은 이 사람들이 적게 용서받은 사람들보다 하느님을 더 사랑한다는 것이 이 비유의 결론이다. 예수께서는 직업상의 죄인들, 윤리상의 죄인들과 어울리면서 겪으신 체험을 두 채무자의 비유로 말씀하셨다.

우리는 예수의 신관을 눈여겨봐야 한다. 하느님은 가차 없이 쥐어짜는 수전노 같은 신이 아니다. 예수께서 체험하신 하느님은 큰 빚을 탕감해 주시는 인정 많은 채무자 같은 신이다. 요한1서 필자는 하느님을 정의하여 "하느님은 사랑이십니다"라고 했다.

< 23 >

선한 사마리아인의 예화

(루가 10:29-37)

29 그런데 율사는 의로운 체하려고 예수를 향하여 "그러면 누가 저의 이웃입니까?" 하였다. 30 예수께서는 (그 말을) 받아 말씀하셨다. "어떤 사람이 예루살렘에서 예리고로 내려가다가 강도를 만났습니다. 그들은 그의 (옷을) 벗기고 매질하여 반쯤 죽여 놓고 물러갔습니다. 31 그런데 마침 어느 제관이 그 길로 내려가다가 그를 보고도 피해 지나갔습니다. 32 마찬가지로 레위 사람도 그곳에 오게 (되었는데) 보고서 피해 지나갔습니다. 33 그러나 어느 사마리아 사람은 길을 가던 중 그곳에 와서 보고는 불쌍히 여겨 34 다가가서 기름과 포도주를 부어 그의 상처를 싸매 주었습니다. 그러고는 그 사람을 제 짐승에 태워 그를 여인숙으로 데리고 가서 돌보아 주었습니다. 35 다

음 날 그는 두 데나리온을 꺼내 여인숙 주인에게 주면서 '저 사람을 돌봐 주시오. 비용이 더 들면 내가 돌아올 때 당신에게 갚아 드리겠소' 하였습니다. 36 당신은 이 세 사람 가운데서 누가 강도 맞은 사람의 이웃이 되어 주었 다고 생각합니까?" 37 그러자 그는 "그에게 자비를 행한 사람입니다" 하였다. 그러자 예수께서는 그에게 "가서 당신도 그렇게 하시오" 하셨다.

예루살렘에서 예리고까지의 거리는 약 30킬로미터, 예루살렘은 해발 평균 760미터이고 예리고는 해저 258미터이므로 예루살렘에서 예리고로 갈 때는 계속 내리막이다. 그 사이는 사람들이 살지 않던 황량한 사막이라 예수 시대에는 강도가 자주 출몰하곤 했다.

예수의 예화 줄거리는 이렇다. 어떤 사람이 예루살렘에서 예리고로 내려가다가 강도를 만났다. 그는 몽땅 털렸을 뿐 아니라 늘씬하게 얻어맞아 거의 죽을 지경이 되었다. 이 사람이 유대인이었다는 말은 없지만, 여행 출발지가 예루살렘인 것을 보면 아마도 그는 유대인이었을 것이다. 예리고에는 제관들과 그 보조원들인 레위들이 많이 살았다. 예수 시대의 제관과 레위는 총 만 팔천 명쯤으로 추산되는데, 이들은 24개 조로 나누어 한 주간씩 돌아가면서 성전에서 제사를 지냈다.

예화의 제관과 레위는 아마도 성전에서 한 주간 동안 제사를 지내고 예리고 본가로 돌아가는 길이었을 것이다. 이들은 동족의 참상을 보고도 그대로 지나갔다. 이들은 하느님을 섬긴다고 하면서 사람을 섬길 줄을 몰랐다.

그런데 유대인들과 사이가 무척 나쁜 사마리아인은 강도 맞은 사람을 보고 극진히 보살폈다. 사마리아인들이란 팔레스티나 중부 사마리아 지방에 살던 혼혈족으로서, 서기전 722년 아시리아가 사마리아 지방을 점령한 다음에 이스라엘인들과 이방인들의 결혼으로 생긴 혼혈족이다. 이들은 그리짐 산에 자기네 성전을 따로 세웠다. 서기전 5세기 바빌론 유배에서 팔레스티나로 돌아온 에즈라와 느헤미야 등 유대교 지도자들은 사마리아인들을 선민으로 인정하지 않았다. 지금도 사마리아인 천여 명이 팔레스티나의 나블루스와 홀론, 그리고 미국에 살고 있다. 예화의 사마리아인은 강도 맞은 사람의 핏줄과 신앙을 따지지 않고 무조건 정성 껏 돌본다. 사마리아인은 곤경에 처한 사람을 구하는 데 필요한 일을 다 했다. 신속하고 철저하게, 이것저것 따지지 않고 아무런 대가도 바라지 않으면서 말이다.

예수께서 말씀하신 비유나 예화 가운데서 가장 감동을 자아내는 이 선한 사마리아인의 이야기는 35절로 끝맺는다. 예화는 따로 의미를 찾을 필요가 없다. 이야기를 들으면 저절로 뜻이 떠오르는 게 예화의 특징이다. 죽을 위험에 처한 사람을 만나면 핏줄, 신앙, 지위 등을 따지지 말고 아무런 대가도 바라지 말고 무조건 도와라. 이것이 이 예화의 교훈이다.

< 24 >

어리석은 부자의 예화

(루가 12:16-21)

16 이어서 그들을 향하여 비유를 들어 말씀하셨다. "어느 부유한 사람이 밭에서 많은 소출을 거두었습니다. 17 그러자 그는 속으로 '내 곡식을 쌓아 둘 곳이 없으니 어떻게 할까?' 하면서 궁리했습니다. 18 그러다가 말했습니다. '이렇게 해야지. 내 창고들을 헐어 버리고 더 큰 것을 지어 거기에다 나의 밀과 재물을 다 쌓아 두어야지. 19 그러고서 내 영혼에게 말하리라. 영혼아, 너는 여러 해 동안 (사용할) 많은 재물을 비축해 두었으니 쉬고 먹고 마시고 즐겨라.' 20 그러나 하느님께서는 그에게 '어리석은 자야, 이 밤에 너에게서 네 영혼을 되찾아 간다. 그러면 네가 마련해 둔 것이 누구의 차지가 되겠느냐?' 하셨습니다. 21 자기 자신을 위해서 보물을

모으고 하느님 앞에 재물을 모으지 않는 사람은 이와

같습니다."

어느 부농이 11월경에 밀 또는 보리를 심었는데 겨우내 잘 자라서 이듬해 5-6월에 엄청난 수확을 얻었다. 곡식을 쌓아 둘 곳간이 좁을 만큼 큰 풍작이요, 여러 해 동안 먹고도 남을 만큼 엄청난 대풍이었다. 그래서 부농은 큰 창고를 새로 지어서 두고두고 잘살아 보려는 계획을 세웠다. 그러나 그날 밤 부자는 갑자기 죽었다. 그는 빈손으로 왔다가 빈손으로 갔다. 애써 모은 재산은 남의 손으로 건너갔다.

재물은 의식주를 해결해 주는 까닭에 누구나 탐낸다. 재물을 바꾸면 돈이 된다. 돈만 있으면 이승에서 못할 일이 거의 없다. 돈은 전능하신 분의 화신이다. 황금만능이라지 않는가. 그러나 또한 허무한 게 돈이다. 급사, 급살 앞에서 아무런 소용이 없는 게 돈이다. 돈은 받들어 섬길 상전이 아니고, 잘 부릴 종놈이라는 게 예수님의 지론이다. 돈은 잘 쓸 줄 알아야 한다.

어떻게 하면 돈을 잘 쓰는 것인가. 남과의 나눔, 특히 빈자들과의 나눔을 실천하는 것이다. 불행히도 예화의 부자는 전혀 남 생각, 빈자 생각을 할 줄 몰랐다. 그는 '내 창고, 나의 밀과 재물, 내 영혼'만 생각했다. 그는 열린 꼴이 아니고 닫힌 꼴이었다.

루가는 예화 끝 21절에 자신이 이 예화를 어떻게 이해했는지 밝힌다. 여기서 "하느님 앞에 재물을 모으지 않는 사람"이란 재산을 남에게 베풀 줄 모르는 사람, 특히 빈자에게 베풀 줄 모르는 사람을 뜻한다. 루가는 빈자 보시를 매우 강조했다. 이는 예수님의 지론이기도 한데, 루가는 예수님의 지론을 누구보다 애지중지했던 것이다. 21절과 내용이 같은 루가의 다른 구절들을 함께 적어 본다.

여러분의 재산을 팔아 자선을 베푸시오. 여러분 자신
을 위해서 해어지는 않는 돈주머니와 축나지 않는 보
물을 하늘에 마련하시오. (루가 12:33)

불의한 마몬(재물)으로 친구들을 사귀어, 그것이 사라
지면 그들이 여러분을 영원한 초막에 맞아들이도록
하시오. (루가 16:9)

가진 것을 다 팔아 가난한 이들에게 나누어 주시오.
그러면 하늘에서 보물을 차지하게 될 것입니다. (루가
18:22)

< **25** >

주인을 기다리는 종들의 비유

(루가 12:35-38)

35 "여러분의 허리는 동여매고 등불은 켜 놓고 있어야 합니다. 36 여러분은 자기 주인을 기다리고 있는 사람들과 같아야 합니다. 주인이 언제 혼인 잔치에서 돌아오든지, 와서 두드리면 즉시 그에게 열어 주려고 말입니다. 37 복되도다. 주인이 와서 볼 때에 깨어 (기다리고) 있는 그 종들은. 진실히 여러분에게 말하거니와, 주인이 (허리를) 동여매고는 그들을 식탁에 자리 잡게 하고 다가와서 그들에게 시중을 들 것입니다. 38 그가 이경이든 삼경이든 와서 그렇게 (기다리고 있는 종들을) 보게 되면 그들은 행복합니다."

예수께서는 당신 제자들에게, 하느님의 나라를 기다리는 종들처럼 처신하라는 뜻으로 이 비유를 말씀하셨다. 하느님의 나라는 언제 올 지 모른다, 그러나 갑자기 온다, 그러니 늘 준비하고 있으라고 예수께서는 노상 말씀하셨다.

　　여느 신약성서 필자들과 마찬가지로 루가는 예수님의 하느님 나라 비유를 예수 재림 비유로 알아들었다. 바꾸어 말하자면 신론적 비유를 기독론적 비유로 재이해했다. 예수께서 재림하시면 그분이 전에 제자들을 섬기셨던 대로 다시금 제자들을 섬기신다고 루가는 생각했다.

　　그러나 오늘날 우리는 하느님의 나라도 예수 재림도 임박하지 않다는 것을 안다. 아니 이런 표상은 유대교 묵시문학에서 유래했다고 생각한다. 이런 표상이 성서에 듬뿍 들어와 있는 까닭에 여간 조심하지 않으면 묵시문학적 표상에 얽매이기 십상이다. 그렇게 되면 묵시문학도가 된다.

우리는 그리스도인이므로 예수 그리스도와의 인연을 가꾸어야만 한다. 그리스도인이 되는 첩경은 예수 공부, 예수 닮기 뿐이다. 예수님의 삶과 죽음과 부활에 견주어 그리스도인은 자기 자신을 이해하고 이룩할 수밖에 다른 도리가 없다.

< **26** >

열매 맺지 않는
무화과나무의 비유

(루가 13:6-9)

6 그러고서는 이런 비유를 말씀하셨다. "어떤 사람이 자기 포도원에 무화과나무 한 그루를 심어 놓았습니다. 그리고 가서 그 나무에서 열매를 찾아보았지만 발견하지 못했습니다. 7 그래서 그는 포도원지기에게 말했습니다. '보다시피 삼 년이나 와서 이 무화과나무에서 열매를 찾아보지만 발견하지 못하니 이것을 잘라 버리시오. 무엇 때문에 땅만 썩히겠습니까?' 8 그러자 포도원지기는 대답하여 그에게 말했습니다. '주인님, 이 나무를 금년만 그냥 두십시오. 그동안에 그 둘레를 파고 거름을 주겠습니다. 9 그렇게 하면 아마 내년에는 열매를 맺을 것입니다. 그렇게 되지 않는다면 당신은 그것을 잘라 버리시지요.'"

비유 이야기는 매우 자연스럽다. 어떤 지주가 포도원 언저리에 무화과나무 한 그루를 심었다. 나무가 잘 자라서 무화과 열매를 맺을 만큼 성장했다. 그래서 삼 년 동안 수확기에 찾아보았건만 열매는 전혀 보이지 않고 잎사귀만 무성했다. 무화과나무는 본디 땅의 기름기를 많이 흡수하는 수종인지라 주변 포도나무의 거름기를 빨아먹는다. 주인은 포도원지기에게 몹쓸 무화과나무를 잘라 버리라고 명했다. 그러나 포도원지기는 지주에게, 한 해만 더 가꾸어 보고 그래도 무화과를 맺지 않으면 그 나무를 잘라 버리겠다고 한다.

예수께서는 종말 심판이 임박했으니 이스라엘 백성은 서둘러 회개하라는 뜻으로 이 비유를 말씀하셨다. 무화과나무는 흔히 이스라엘 선민을 가리키는 상징 나무였다. 그리고 열매 맺지 않는 나무를 잘라 버린다는 이미지는 선민이 회개하지 않으면 종말에 단죄의 심판을 받는다는 뜻이다.

흔히 비유의 끝말에 강조점이 있다. 위에도 끝말에 역점이 있다. "주인님, 이 나무를 금년만 그냥 두십시오. 그동안에 그 둘레를 파고 거름을 주겠습니다. 그렇게 하면 아마 내년에는 열매를 맺을 것입니다. 그렇게 되지 않는다면 당신은 그것을 잘라 버리시지요." 이 말의 뜻인즉, 하느님께서 이스라엘 선민에게 회개할 기회를 다시 한 번 주신다는 것이다. 한동안 종말 심판을 유예하신다는 것이다. 선민이 마지막 기회를 선용한다면 천행이겠으나, 그렇지 않으면 단죄의 심판을 면할수 없다는 것이다.

요아킴 예레미아스는 이 비유의 뜻을 멋지게 풀이했다.

지금은 마지막 때이다. (…) 도끼는 열매 맺지 않는 무화과나무의 뿌리에 놓여 있다. 하느님께서는 놀랍게도 당신의 거룩한 뜻을 스스로 거두시고 다시 한 번 회개의 기간을 연장시키셨다. (…) 그러나 하느님께서 허락하신 이 은혜로운 기간은 변경할 수 없는 최후통첩이다. 이 마지막 기간이 회개의 기회로 이용되지 않은 채 지나가 버린다면, 하느님께서는 더는 참지 않으실 것이다. 하느님께서 허락하신 회개의 기간이 지나가 버린다면 그것을 연장시킬 수 있는 힘은 아무에게도 없다. (요아킴 예레미아스, 《예수의 비유》, 허혁 옮김, 분도출판사, 1974, 165-166쪽)

이 비유의 뜻을 더 잘 이해하기 위해서는 비유 앞 두 가지 단화(13:1-5)를 눈여겨봐야 한다. 그 내용은 이렇다. 갈릴래아인들이 예루살렘 성전에 순례 와서 짐승들을 잡아 희생 제물을 바치고 있었는데, 로마 총독 빌라도가 성전 북부에 주둔한 로마군을 보내어 갈릴래아인들을 살육했다. 짐승 피와 사람 피가 온통 뒤범벅이 되는 끔직한 사건이었다. 아마도 저 갈릴래아인들은 이스라엘 독립운동에 가담한 열혈 당원들 아니면 동조자들이었을 것이다. 그리고 예루살렘 남쪽 실로암 저수지에 있는 탑이 무너질 때 시민 열여덟 명이 깔려 죽는 참사가 있었다. 예수께서는 이 두 비극적 사건을 언급하시면서 청중더러, "여러분도 회개하지 않으면 모두 그렇게 멸망할 것입니다"라고 하셨다. 두 가지 단화와 비유의 주제는 다 같이 회개다.

예수께서는 역사의 종말이 임박했다는 묵시분학적

분위기 아래서 이 비유를 말씀하셨다. 오늘날 우리는 묵시문학에 얽매일 필요가 없지만, 하느님과 이웃들에게로 되돌아가는 회개는 늘 절실하다. 우리는 모두 죽음에 이르는 중병을 앓고 있는 까닭에 내일로 미루지 말고 오늘 당장 회개의 결단을 내려야 한다.

과연 "알맞은 때에 너의 기도를 들어 주었고 구원의 날에 너를 도와주었노라"라고 말씀하십니다. 보시오, 지금이야말로 알맞은 때이며, 보시오, 지금이야말로 구원의 날입니다. (2고린 6:2)

◇◇◇◇◇◇◇◇◇◇

주인님, 이 나무를 금년만 그냥 두십시오.

그동안에 그 둘레를 파고 거름을 주겠습니다.

그렇게 하면 아마 내년에는 열매를 맺을 것입니다.

< *27* >

망대 건축과 전쟁 상황 쌍 비유

(루가 14:28-33)

28 "사실 여러분 가운데 어느 누가 망대를 세우려 한다면, 완성할 만큼 자금이 있는지 우선 앉아서 계산하지 않겠습니까? 29 그가 기초만 놓고 완성하지 못한다면 보는 사람마다 모두 그를 비웃기 시작하여 30 '이 사람이 세우기 시작만 하고 완성하지는 못했구나' 할 것입니다. 31 혹은 어느 임금이 다른 임금과 싸우러 나간다면, 이만 명을 거느리고 자기를 거슬러 오는 그를 만 명으로 당해 낼 수 있을지 앉아서 우선 생각해 보지 않겠습니까? 32 만일 당해 낼 수 없다면, 그가 아직 멀리 있을 때에 사신을 보내어 평화를 위한 방편을 청할 것입니다. 33 이처럼 여러분 가운데 누구든지 자기 소유를 모두 버리지 않는 사람은 내 제자가 될 수 없습니다."

예수께서는 이 비유를 누구에게 말씀하셨을까. 당신을 따르고자 하는 사람에게 발설하셨음에 틀림없다. 과연 끝까지 당신을 따를 수 있겠는지 곰곰이 생각한 다음에 따라나서라는 말씀이다. 너무 힘들어서 중도에 추종을 포기할 양이면 아예 처음부터 따라나서지 말라는 말씀이다. 망대를 세우려면 미리 경비를 계산하고 전쟁을 하려면 미리 승패를 따지듯이, 예수를 따르고자 하면 목숨이 다하도록 따르겠는지 먼저 성찰하라는 말씀이다.

사실 예수께서는 당신을 따르는 제자들에게 많은 희생을 요구하셨다. 결혼을 포기함으로써 고자라는 욕을 얻어먹어라(마태 19:11-12), 가족을 멀리하라(루가 14:26), 효도와 거처를 포기하라(루가 9:57-62), 의복과 음식을 걱정하지 말고 하느님의 섭리에 맡겨라(루가

12:22-32), 마침내 자기 자신조차 부인하라(마르 8:34).
그러니 예수의 제자가 되려면 과연 저 엄청난 포기와
희생을 끝까지 견딜 수 있는지, 미리 심사숙고한 다음
에 추종의 결단을 내려야 마땅하다.

그리고 어마어마한 포기와 희생을 감수하자면 버린
것보다 더 값진 그 무엇을 얻을 수 있어야겠다. 하느님
의 사랑에 매료되는 체험, 사랑이신 하느님께 홀딱 반
하는 체험이 있을 때 큰 포기와 희생조차 감수할 수 있
는 법이다.

사랑이신 하느님께 매료되어, 또는 사랑이신 하느님
의 거울인 예수께 반해서 전적인 포기, 기꺼운 포기의
삶을 살아가는 성직자, 수도자, 평신도 들이 기독교 역
사에 많이 나타났고 지금도 계속 나타나고 있다. 이들

은 하느님의 성스러운 기, 부활하신 그리스도의 거룩한 기에 이끌린 사람들이다.

　당나라 한산 스님의 시에는 전적인 포기, 기꺼운 포기의 삶이 잘 나타나 있다.

　　청산은 나를 보고 말없이 살라 하고
　　창공은 나를 보고 티 없이 살라 하네.
　　탐욕도 벗어 놓고 성냄도 벗어 놓고
　　물같이 바람같이 살다가 가라 하네.

◇◇◇◇◇◇◇◇◇◇◇◇

여러분 가운데 누구든지
자기 소유를 모두 버리지 않는 사람은
내 제자가 될 수 없습니다.

< 28 >

잃은 아들을 되찾고
기뻐하는 아버지의 비유

(루가 15:11-32)

---

11 그리고 말씀하셨다. "어떤 사람이 아들 둘을 갖고 있었는데 12 그 중 더 어린 아들이 아버지에게 '아버지 (제게) 속한 몫의 재산을 저에게 주십시오' 하였습니다. 그래서 (아버지)가 그들에게 살림을 나누어 주었더니 13 여러 날이 지나지 않아서 더 어린 아들이 (제 몫을) 모두 모아들여 먼 지방으로 떠났습니다. 그는 거기서 방탕하게 살면서 자기 재산을 흩어 버렸습니다. 14 그런데 그가 모든 것을 탕진했을 즈음 그 지방에 심한 기근이 들어서 그는 궁핍해지기 시작하였습니다. 15 그래서 그 지방 시민 가운데 하나에게 가서 더부살이를 하게 되었는데, (그 사람은) 그를 자기 들로 보내어 돼지들을 치게 했습니다. 16 그는 돼지들이 먹는 '가룹' 열매로나마 배를 불

려 보려고 갈구했지만 아무도 그에게 주지 않았습니다. 17 그제야 그는 제 (정신이 돌아와) 말했습니다. '내 아버지의 여러 품꾼들에게는 빵이 넘치는데 나는 여기서 기근으로 멸망하는구나. 18 일어서 나의 아버지에게로 가서 그분께 말씀드려야지. 아버지, 하늘과 (아버지) 앞에 죄를 지었습니다. 19 저는 더 이상 (아버지)의 아들로 불리기에 합당치 않으니 저를 (아버지)의 품꾼들 중 하나로 삼아 주십시오.' 20 그러고서 그는 일어서 제 아버지에게로 갔습니다. 그가 아직 멀리 떨어져 있을 때에 그의 아버지는 그를 알아보고 측은히 여겨 달려가 그의 목을 덮쳐 (끌어안고) 그에게 입 맞추었습니다. 21 그러자 아들이 아버지에게 '아버지, 하늘과 (아버지) 앞에 죄를 지었습니다. 저는 더 이상 (아버지)의 아들로 불리기에 합당치 않습니다' 하고 말했습니다. 22 그렇지만 아버지는 자기 종들을 향하여 말했습니다. '얼른 첫째가는 예복을 가져와 그에게 입히고 그의 손에는 가락지를 (끼워) 주고 발에는 신발을 (신겨 주어라). 23 그리고 살진 송아지를 데리고 와 잡아라. 먹고 즐기자. 24 사실 나의 이 아들은 죽었다가 다시 살아났고, (내가) 잃었었으나 발견하였다.' 그래서 그들은 즐기기 시작했습니다. 25 그런데 그의 나이 많은 아들은 들에 있었습니다. 그가 집 가까이 왔을 때 노래하며 춤추는 소리를 듣고 26 종들 가운데 하나를 가까이 불러 이게 무슨 일이냐고 캐물었습니다. 27 그러자 (종)은 그에게 '당신 동기가 와서 당신 아버지는 살진 송아지를 잡았습니다. 그를 건강한 (몸)으로 맞이했기 때문이지요' 하였습니다. 28 그가 진노하여 들어가기를 원치 않자 그의 아버지가 나와서 그를 위로 했습니다. 29 그러나 그는 자기 아버지에게 대답하여 말했습니다. '보십시오. 저는 이만큼 (여러) 해를 두고 (아버지)를 섬기며 (아버지)의 계명을 지나쳐 버린 적이 없습니다. 그런데도 제게는 친구들과 함께 즐기라고 염소 한 마리도 주신 적이 없습니다. 30 그런데 (아버지)의 살림을 창녀들과 함께 집어삼킨 (아버지)의 이 아들이 오니까 그에게 살진 송아지를 잡아 주시다니요.' 31 그러자 (아버지)는 그에게 말했습니다. '애야, 너는 항상 나와 함께 있으며 내 것은 모두 너의 것이다. 32 그런데 너의 이

동기는 죽었다가 살아났고 (내가) 잃었었으나 발견했으니 즐기고 기뻐해야 한단다.'"

어느 부자에게 아들 둘이 있었다. 큰아들은 효자였고 작은아들은 망나니였다. 작은아들은 아버지에게 재산 분배를 강요했다. 아버지는 율법에 따라 큰아들에게는 자기 재산의 삼분의 이를, 작은아들에게는 삼분의 일을 나누어 주었다. 작은아들은 먼 고장으로 가서 방탕하게 살면서 자기 재산을 흩어 버렸다. 나중에 큰아들이 아버지의 처사를 비난하는 것을 보면 작은아들은 사창가에서 재산을 탕진했다.

작은아들은 재산을 다 날리고 남의 집 머슴이 되어 돼지를 쳤다. 율법에서 금지한 금기식품 가운데 돼지도 들어 있다. 유대인들은 예나 이제나 돼지고기를 가장 혐오한다. 작은아들이 돼지를 쳤다는 것은 그가 절망의 나락에 빠졌다는 뜻이다. 뿐만 아니라 돼지들이 먹는 '가룹 열매'로 주린 배를 채우려 했는데, 그조차 허용되지 않았다.

'가룹'은 10미터까지 자라는 상록수로 이스라엘에서 흔히 볼 수 있다. 4-5월에 납작한 꼬투리가 달리는데 길이가 10-20센티미터나 된다. 꼬투리 속에 둥글납작한 씨앗 5-10개가 들어 있는데, 주로 사료로 쓰이지만 흉년엔 사람이 먹기도 한다.

작은아들은 몹시 굶주린 끝에 정신을 차리고 아버지께로 되돌아간다. 아버지는 그런 작은아들을 나무라기는커녕 성대한 잔치를 베푼다. 여기까지가 비유의 전반부다.

큰아들은 들에서 돌아와 잔치 광경을 보고 아버지께 항변한다. 자신은 아버지를 극진히 섬겼는데도 친구들과 회식하라고 염소 새끼 한 마리도 안 주시더니, 자신의 전 재산을 창녀들에게 탕진한 작은아들이 돌아오니 그에게 살진 송아지를 잡아 주냐며 항변한다. 돌아온 탕아가 아버지의 아들일지언정 결코 자신의 동생은 아니라는 식의 막말이다. 그러자 아버지는 큰아들을 타이르며 탕아는 내 아들이기도 하지만 너의 아우라고 말한다.

이 비유에 나오는 아버지는 하느님의 표상이다. 하느님 아버지를 떠난 인간의 모습은 돼지를 치면서 가룹 열매로 배를 채우려는 탕아처럼 비참하다. 살아 있다고 하나 죽은 목숨이다. 그가 다시 살아나는 길은 하느님 아버지께로 되돌아가는 것뿐이다. 되돌아간다는 것은 회개한다는 뜻이다. '회개'에 상응하는 히브리어 동사 '슙'은 '되돌아서다', '되돌아가다'라는 뜻이다. 회개란 하느님을 등진 인간이 하느님께로 되돌아서서 되돌아가는 방향 전환이다. 더 줄여서 회개는 전향이다.

비유 후반부를 보면 큰아들은 아버지가 망나니 작은 아들을 너무 빨리, 너무 쉽게, 너무 너그럽게, 너무 대대적으로 받아들이는 것을 이해할 수 없어 아버지를 원망한다. 정의의 가치만 앞세우는 바리사이들과 율사들은 하느님의 무한한 사랑을 이해하지 못했다. 사람들의 생각은 좁쌀 한 알만도 못하고, 하느님의 자비는 저 푸른 하늘보다도 넓기 때문이다.

화가 렘브란트(1606-1669)는 임종에 앞서 〈돌아온 탕자〉(에르미타주 박물관 소장)를 그렸다. 탕아는 누더기를 걸치고 초췌한 모습으로 돌아와서 아버지 앞에서 무릎을 꿇는다. 붉은 망토를 걸친 연로한 아버지는 두 손으로 탕아의 등을 감싸면서 탕아를 품는다. 이 명화

는 역시 생애 말기에 그린 〈아기 예수를 안고 있는 시
므온〉(스톡홀름 국립미술관 소장)과 더불어 렘브란트가
그린 성화들 가운데서 가장 빼어난 작품이다.

살진 송아지를 데리고 와 잡아라.

먹고 즐기자.

사실 나의 이 아들은 죽었다가 다시 살아났고,

(내가) 잃었었으나 발견하였다.

< 29 >

종 팔자 비유
(루가 17:7-10)

---

7 "여러분 가운데 어느 누가 밭갈이하고 양을 치는 종을 두고 있다면 그가 들에서 돌아올 때에 '어서 와서 식탁에 자리 잡아라' 하겠습니까? 8 오히려 그에게 '내 저녁부터 마련하여라. 그리고 내가 먹고 마실 동안 너는 (허리를) 동이고 내 시중을 들어라. 그러고 나서 너는 먹고 마시거라' 하지 않겠습니까? 9 그 종이 명령을 받은 대로 했다고 해서 주인이 그에게 고마워하겠습니까? 10 그처럼 여러분 역시 명령받은 대로 다 하고 나서도 '저희는 볼품없는 종입니다. 저희는 해야 할 일을 했을 따름입니다' 하시오."

품꾼은 품삯을 요구할 수 있지만 종은 무상으로 일하는 법이다. 종은 온종일 들에서 농사와 목축을 하고 저녁때 파김치가 되어 돌아와도 휴식을 취할 수 없다. 주인의 저녁상을 차리고 시중을 든 다음에야 비로소 자기도 먹고 설거지를 끝낸 다음 쉴 수 있다. 종이 그처럼 온종일 수고를 했지만 주인은 그에게 고맙다는 말을 하지 않는다. 종은 당연히 해야 할 일을 했을 따름이기 때문이다.

예수께서는 누구를 상대로 이런 비유 이야기를 말씀하셨을까. 이스라엘 백성은, 특히 율법을 지키려고 애쓴 바리사이들은 인과응보 사상에 젖어 있었다. 저들은 율법을 꼬박꼬박 지킴으로써 공덕을 쌓아 그에 정비례하는 보상을 하느님으로부터 받겠다는 사상에 물들어 있었다. 인간과 하느님의 관계를 마치 채권자와 채무자의 관계로 곡해하는 사고방식이다.

이와는 달리 예수께서는 하느님과 인간의 관계를 주인과 종의 관계로 보시고 이 비유 이야기를 말씀하셨다. 온 누리의 주인이신 하느님 앞에서 인간은 마치 종처럼 처신해야 마땅하다는 것이다.

루가는 이 비유를 사도들에게 적용했다. 즉, 사도들이 사도 직분을 성실히 완수했다고 보상을 계산하거나 요구할 수 없다는 것이다. 사실 사도 바울로는 예수 그리스도의 종으로 자처하곤 했다. 사도 바울로가 같은 맥락에서 고린도 교우들에게 한 말씀 두 편을 옮겨 적는다.

그대가 가진 것 치고 받지 않은 것이 무엇입니까?

받았다면 왜 받지 않은 것처럼 자랑합니까? (1고린
4:7)

실상 내가 복음을 전한다고 해서
그것이 제 자랑거리는 못 됩니다.
그것은 내게 부과된 책무이기 때문입니다.
사실 내가 복음을 전하지 않는다면
나는 불행합니다. (1고린 9:16)

서기 250년경에 활약한 소코(유대 지방 마을) 출신 안
티게노스 율사는 후세에 딱 한 가지 말을 남겼는데, 위
이야기와 그 뜻이 잘 어울린다.

보상을 받으려고 주인을 모시는 종처럼 되지 말라. 오

히려 보상을 받으려 하지 않고 주인을 모시는 종이 되어라. 너희는 하늘(하느님)을 두려워하라. (조철수 역주, '미슈나 아보트 1:3', 《선조들의 어록》, 성서와함께, 1998, 34-36쪽 참조)

< 30 >

과부의 간청을 들어주는
재판관의 비유

(루가 18:1-8)

1 예수께서는 그들에게 비유를 들어, 언제나 기도하고 낙심하지 말아야 한다는 뜻으로 2 이렇게 말씀하셨다. "어느 고을에 어떤 재판관이 있었는데 그는 하느님도 두려워하지 않고 사람도 존중하지 않았습니다. 3 또한 그 고을에는 한 과부가 있었는데 그는 재판관에게 가서 '내 (송사) 적수에게서 내 권리를 찾아 주십시오' 하고 졸랐습니다. 4 그런데 재판관은 한동안 (들으려) 하지 않다가 결국 제 속으로 말했습니다. '나는 하느님도 두려워하지 않고 사람도 존중하지 않지만 5 이 과부가 나를 괴롭히니 그의 권리를 찾아 주어야겠다. 그렇게 하지 않으면 그가 와서는 끝까지 나를 성가시게 할 것이다.'" 6 그리고 주님께서 말씀하셨다. "여러분은 이 불의한 재판관이 하

는 말을 새겨들으시오. 7 하느님께서는 당신의 선민들이 밤낮 당신께 부르짖는데도 그 권리를 찾게 해 주시지 않겠습니까? 그분이 그들을 두고 주저하실 것 같습니까? 8 여러분에게 이르거니와, 하느님께서는 서둘러 그들의 권리를 찾게 해 주실 것입니다. 그러나 인자가 올 때에 땅 위에서 과연 믿음을 찾아볼 수 있겠습니까?"

어느 도시의 한 과부가 적수에게서 억울한 일을 당하여 재판관에게 고소했으나, 재판관은 불의한 사람이라 힘도 돈도 없는 과부의 청을 들어주지 않는다. 과부는 끈기 하나로 재판관을 물고 늘어질 수밖에 별 도리가 없었고 마침내 재판관은 과부의 청을 할 수 없이 들어주었다는 것이 비유의 줄거리다. 불의한 재판관도 가련한 과부의 간청을 들어주거늘, 하물며 하느님께서 선민의 간청을 들어주지 않겠냐는 이야기다.

우리가 끊임없이 간청하면 하느님께서는 꼭 들어주신다는 말씀은 참일까? 참이다. 그러나 전제 조건이 있다. 첫째, 하느님의 뜻을 따르는 삶이 전제되어야 한다.

우리가 청하는 것은 다 하느님으로부터 받을 것이니

다. 우리가 그분의 계명을 지키고 그분 앞에서 그분이 기뻐하시는 일을 하기 때문입니다. (1요한 3:22)

둘째, 하느님의 뜻과 하느님의 나라에 맞는 것을 청해야 한다.

우리가 하느님의 뜻에 따라 무엇을 청하면 우리의 청을 들어주실 것입니다. (1요한 5:14)

여러분은 하느님의 나라를 찾으시오. 그러면 이런 것들도 여러분에게 주실 것입니다. (루가 12:31, 마태 6:33)

만일 우리가 하느님의 뜻과 하느님의 나라에 걸맞지

않은 것을 청하면 하느님께서는 우리의 간청을 물리치
실 것이다.

여러분은 청해도 받지 못합니다. 그 까닭은 여러분
은 쾌락에 탐닉하려고 잘못 청하기 때문입니다. (야고
4:3)

< 31 >

바리사이와 세리의 기도 예화

(루가 18:9-14)

9 그런데 의롭다고 자부하며 남을 업신여기는 사람들을 향하여 예수께서는 이 비유를 말씀하셨다. 10 "두 사람이 기도하러 성전에 올라갔는데, 하나는 바리사이였고 또 하나는 세관원이었습니다. 11 바리사이는 서서 자신을 향하여 이렇게 기도했습니다. '오, 하느님, 당신께 감사드립니다. 사실 나는 강탈하는 자나 불의한 자나 간통하는 자 따위의 다른 인간들과는 같지 않을뿐더러 이 세관원과도 같지 않습니다. 12 나는 일주일에 두 번이나 단식하고 모든 수입의 십분의 일을 바칩니다.' 13 그러나 세관원은 멀찍이 서서 하늘로 눈을 들 생각도 못하고 제 가슴을 치며 '오, 하느님, 이 죄인에게 자비를 베풀어 주십시오' 하였습니다. 14 여러분에게 이르거니와, 저 사람과

는 달리 이 사람은 의롭게 되어 자기 집으로 내려갔습니다. 사실 누구든지 자기를 높이는 사람은 낮추어지고 자기를 낮추는 사람은 높여질 것입니다."

예수께서는 바리사이와 세관원의 기도하는 모습을 비교하셨다. 바리사이들은 육백십삼 가지 계율을 꼬박꼬박 지키는 평신도들로서 예수 시대에 그 수는 육천여 명으로 추산된다. 가파르나움, 예리고 등 국경지역에서 관세를 징수하는 세관원은 직업상 죄인으로 간주되었다. 그 까닭인즉, 노상 외국인 및 외국 수입품과 접촉해야 했기 때문이요, 법정 징수액보다 관세를 더 거두어 착복하기 일쑤였기 때문이다. 예수 시대 이스라엘인의 생각으론 바리사이는 의인이고 세관원은 죄인이었다.

그런데 예수께서는 정반대되는 말씀을 하셨다. 왜 이렇게 말씀하셨을까. 의인으로 자처하면서 세관원 같은 직업상의 죄인들을 업신여기는 바리사이들의 처신을 나무라시는 뜻으로 두 사람이 기도하는 예화를 드셨을 것이다.

두 사람이 기도하는 모습을 보자. 바리사이는 서서 자신을 향하여 기도했다고 한다. 기도는 하느님과의 대화이니 만큼 하느님을 향하여야 하는 법인데, 바리사이는 자기 자신을 향했으니 결국 독백을 한 셈이다. 바리사이는 악행들을 피하고 선행들을 행한 것을 떠벌리면서 감사기도를 드린다. 자신은 강도, 불의, 간통을 한 인간들과는 질적으로 다를뿐더러 멀리 서 있는 세관원과도 비교가 안 된다고 한다. 하느님께로 향하지 못한 바리사이는 이웃들을 깔본다. 그는 하느님 사랑과 이웃 사랑을 저버린 인간이다.

이어서 그는 덤으로 행한 선행을 꼽는다. 일반 유대인들은 늦가을 속죄의 날에만 단식한 데 비해서 바리사이는 매주 월요일과 목요일에 자원해서 단식했다.

여기 단식은 온종일 먹고 마시지 않는 것이었으니 지금 가톨릭에서 행하는 단식보다 훨씬 고되었다. 그리고 일반 유대인들은 곡식과 포도주와 올리브 기름을 생산했을 때에만 십일조를 바친 데 비해서 바리사이들은 모든 수입의 십분의 일을 바쳤다. 사실 이들은 박하와 시라와 소회향 등 향신료를 생산해도 십일조를 바쳤다. 심지어 이들은 시장에서 물품을 구입할 때에도 십일조를 바쳤다. 혹시라도 물품 생산자가 십일조를 바치지 않았을지도 모른다는 생각에 생산자 대신 십일조를 바쳤던 것이다.

메소포타미아로 이민 가서 살던 유대교 율사들이 6세기에 만든 법전 바빌론 탈무드에도 바리사이의 기도와 비슷한 감사기도가 실려 있다.

주 하느님, 저로 하여금 길모퉁이에 앉아 있는 자들의 무리에 참여케 하지 않으시고 회당에 앉아 있는 자들의 무리에 참여케 하신 것을 감사하나이다. 그 까닭은 이렇습니다. 저도 아침 일찍 일어나고 저들도 아침 일찍 일어나지만, 저는 일찍부터 율법의 말씀에 종사하고 저들은 일찍부터 헛된 일에 종사하기 때문이옵니다. 저도 수고하고 저들도 수고하지만, 저는 수고하고 보수를 받되 저들은 수고하고도 보수를 받지 못하기 때문이옵니다. 저도 달려가고 저들도 달려가지만, 저는 오는 세상의 영생을 향해 달려가고 저들은 멸망의 구렁을 향해 달려가기 때문입니다. (요아킴 예레미아스, '바빌론 탈무드 베라코트 28ㄴ', 《예수의 비유》, 허혁 옮김, 분도출판사, 1974, 137쪽 재인용)

예수의 말

결론적으로 의인으로 자처한 나머지 하느님을 올바로 섬기지 못하고 이웃을 업신여기는 바리사이들의 처신을 비판하여 예수께서는 두 사람의 기도를 예로 드셨다.

예수님의 요구를 집약하면 하느님 사랑과 이웃 사랑이다. 이중 사랑의 계명에 어울리는 기도가 올바른 기도다. 주님의 기도를 보라. 이중 사랑의 집약문처럼 보인다. 바리사이의 기도는 이중 사랑에 반대된다. 바리사이가 하느님 앞에서 뻐기고 남을 깔보는 식으로 기도한 것은 기도를 흉내 낸 우스꽝스러운 모작에 지나지 않는다.

어느 교구장 주교는 체험에서 우러나오는 술회를 했다. 겸손한 사제, 기도하는 사제, 연민의 정이 넘치는

사제는 교우들에게서 환영을 받고, 그렇지 못한 사제
는 배척을 당한다고 한다. 어디 사제만 그렇겠는가. 겸
손과 기도와 연민은 그리스도인이면 누구나 갖추어야
할 기본자세다.

◇◇◇◇◇◇◇◇◇◇◇

사실 누구든지 자기를 높이는 사람은 낮추어지고

자기를 낮추는 사람은 높여질 것입니다.

최선을 다해 만든
이와우의
책들을 소개합니다

어느 누군가의 삶 속에서 얻는 깨달음

리더는 사람을 버리지 않는다
야신 김성근 리더십

누군가는 나를 바보라 말하겠지만
억대연봉 변호사의 길을 포기한
어느 한 시민활동가의 고백

어금니 꽉 깨물고
노점에서 가구회사 사장으로
30대 두 형제의 생존 필살기

안녕, 매튜
식물인간이 된 남동생을 안락사
시키기까지의 8년의 기록

삶의 끝이 오니 보이는 것들
아흔의 세월이 전하는
삶의 진수

차마 하지 못했던 말
'요즘 것'이 요즘 것들과 일하는
이들에게 전하는 속마음

류승완의 자세
영화감독 류승완의
마음을 움직이는 힘

문과생존원정대
문송(문과라서 죄송합니다)시대
문과생 도전기

무슨 애엄마가
이렇습니다

일과 육아 사이 흔들리며
성장한 10년의 기록

누구나 한 번은
엄마와 이별한다

하루하루 미루다 평생을 후회할지
모를 당신에게 전하는 고백

지적인 삶을 위한 교양의 식탁

인문학의 뿌리를 읽다

서울대 서양고전 열풍을 이끈
김헌 교수의 인문학 강의

숙주인간

'나'를 조종하는 내 몸속
미생물 이야기

마흔의 몸공부

동의보감으로 준비하는
또 다른 시작

What Am I

뇌의학자 나홍식 교수의
'생물학적 인간'에 대한 통찰

신의 한 수

절체절명의 위기를 극복한
조선왕들의 초위기 돌파법

난생처음 도전하는
셰익스피어 4대 비극

지적인 삶을 위한
지성의 반올림!

삶의 쉼표가 되는,
옛 그림 한 수지

교양이 풀풀 나게 만드는
옛 그림 감상법

시인의 말법

전설의 사랑시에서 건져낸
울림과 리듬

치열한 삶의 현장 속으로

골목상권 챔피언들

작은 거인들의 승리의 기록

마즈 웨이(Mars Way)

100년의 역사, 세계적 기업
마즈가 일하는 법

심 스틸러

광고인 이현종의 생각의 힘,
감각의 힘, 설득의 힘

**당신만 몰랐던
스마트한 세상들**

스마트한 기업들이 성공한
4가지 방법

**우리는 일본을
닮아가는가**

LG경제연구원의 저성장 사회
위기 보고서

**손에 잡히는
4차 산업혁명**

CES와 MWC에서 발견한
미래의 상품, 미래의 기술

**어떻게 팔지 답답한
마음에 슬쩍 들춰본
전설의 광고들**

나이키, 애플, 하인즈, 미쉐린의
운명을 바꾼 광고 이야기

혁신의 정석

하버드 비즈니스 스쿨
전통의 명강의

우리가 사는 세상과 사회

**그들은 소리 내
울지 않는다**

송호근 교수의 이 시대
50대 인생 보고서

**무엇이 미친 정치를
지배하는가?**

우리 정치가 바뀌지 못하는
진짜 이유

도발하라

서울대 이근 교수가 전하는
'닥치고 따르라'는 세상에
맞서는 방법

어떻게 바꿀 것인가

서울대 강원택 교수가 전하는
개헌의 시작과 끝

들쥐인간

빅데이터로 읽는
한국 사회의 민낯

서울을 떠나는
삶을 권하다

행복에 한 걸음 다가서는
현실적 용기

부패권력은 어떻게
국가를 파괴하는가

어느 한 저널리스트의
부패에 대한 기록과 통찰

크리스천을 위하여

예수

김형석 연세대 명예교수가
전하는 예수

어떻게 믿을 것인가

김형석 연세대 명예교수가
전하는 올바른 신앙의 길

처음으로 기독교인이라
불렸던 사람들

기독교 본연의 모습을 찾아
떠나는 여행

인생의 길, 믿음이 있어
행복했습니다

김형석 연세대 명예교수의
신앙 에세이

이와우

예수의 말

ⓒ정양모, 2021

초판 1쇄 발행 2021년 1월 25일

지은이 정양모
펴낸곳 도서출판 이와우
출판등록 2013년 7월 8일 제2013-000115호
주소 경기도 파주시 운정역길 99-18
전화 031-945-9616
이메일 editorwoo@hotmail.com
홈페이지 www.ewawoo.com
인쇄·제본 (주)현문

ISBN 978-89-98933-42-5 03230